초등학생이
가장 궁금해하는
외계인과 UFO
이야기 30

초등학생이 가장 궁금해하는
외계인과 UFO 이야기 30

2011년 12월 30일 초판 1쇄 발행

지은이 | 장수하늘소
그린이 | 김미루
펴낸이 | 한승수
마케팅 | 김승룡
편집 | 정광희
디자인 | 우디

펴낸곳 | 하늘을나는교실
등록 | 제300-1994-16호
전화 | 031-907-4934
팩스 | 031-907-4935
E-mail | hvline@naver.com

ⓒ 장수하늘소 2011

ISBN 978-89-947570-4-9 64400
ISBN 978-89-963187-0-5(세트)

* 책값은 뒤표지에 있습니다.
* 잘못된 책은 구입처나 본사에서 바꾸어 드립니다.

초등학생이
가장 궁금해하는

외계인과 UFO
이야기 30

장수하늘소 지음 | 김미루 그림

머리말

정말 외계인이 있을까?

여러분은 UFO를 본 적이 있나요? 혹시 외계인을 만난 적이 있나요? 불행히도 글쓴이 역시 한 번도 UFO를 본 적도, 외계인을 만난 적도 없어요. 그리고 여기에 고백하자면, 이 글을 쓰기 전에는 조금의 관심도 없었지요. 그런데 이 글을 쓰면서 새롭게 호기심을 가지게 됐어요.

그래서 이 글을 읽는 여러분들과 마찬가지로 글쓴이도 '정말 UFO가 있고, 정말 외계인이 있을까?'를 궁금해졌어요.

이 글을 쓰는 동안 여러 자료들을 찾아보고, 여러 다큐멘터리를 찾아보면서 흥미롭고 매력적인 '새로운 세계'의 매력에 푹 빠졌답니다.

알고 보니 세상에는 정말 기이하고 사람의 힘으로는 알 수 없는 불가사의한 일들이 많이 벌어지고 있더라고요. 어떤 이는 그것이 말도 안 되는 '상상'에 불과하다고 얘기하고, 어떤 이는 '정말 UFO와 외계인이 있다.'고 믿고 있어요. 과연 진실은 어느 것일까요?

요즘 많은 나라들이 UFO에 관련된 여러 비밀 자료들을 새롭게 공개하고 있어요. 그래서 정말 UFO와 외계인이 존재하는 것은 아닐까, 글쓴이도 귀를 쫑긋 세우고 귀 기울이고 있어요.

이 책에는 많은 이야기들이 담겨 있답니다. 글쓴이가 상상의 나래를 펴고 지어낸 이야기도 있지만, 사실 많은 이야기들은 정말 이 같은 일을 경험했다는 사람들의 이야기를 바탕으로 꾸며낸 거예요.

지구 안의 많은 사람들이 정말 다양하고 흥미진진한 여러 경험을 했더라고요! 어떤 것은 정말 사실 같고, 어떤 것은 정말 믿어지지 않고, 어떤 것은 정말 기괴했어요. 그런데 정말 신기한 것은 아주 오랜 옛날부터 우리가 지금 UFO라고 생각하는 기이한 비행 물체를 그림으로 그리거나 글로 담아서 후손들에게 남겼다는 거예요.

어떤 사람들은 외계인이 아주 오랜 옛날부터 지구에 오는 방문자라고 생각해요. 또 어떤 사람들은 외계인들이 사람을 상대로 비밀 실험을 하고 있다는 무시무시한 이야기를 하기도 하죠. 그러나 이런 이야기들은 어떤 땐 너무 허무맹랑하게 보여서 믿기 어려운 이야기들도 있어요. 무엇을 믿을지는 여러분의 선택에 맡기기로 할게요.

다만 이 글을 쓰면서 글쓴이의 마음에 와 닿는 말이 있었어요.
"이 넓은 우주에 사는 생명체가 인간뿐이라는 것은 말도 안 된다. 그것은 인간의 오만이 빚어낸 것이다."

지금도 많은 사람들이 UFO의 진실을 밝히려는 노력을 하고 있어요. 오늘날 과학자들은 외계 생명체를 찾으려는 노력을 게을리 하지 않고 있지요.

과연 드넓은 우주에는 우리보다 뛰어난 지적 생명체가 살고 있을까요? 그리고 그들은 오늘도 지구를 방문하고 있을까요? 오늘의 과학자들이 그에 대한 해답을 찾고 있듯이, 미래에 여러분들이 그에 대한 명쾌한 해답을 찾아주길 바랄게요.

그전까지는 여러분들이 갖고 있는 'UFO와 외계인에 대한 궁금증'을 이 책으로 달래 보길 바라요.

2011년 11월 서영선

차례

머리말 정말 외계인이 있을까? 4

1. 다른 별에도 생명체가 살고 있을까? 제타 행성 8
2. 최초로 나타난 UFO 번쩍이는 아홉 대의 비행접시 14
3. 달과 화성은 UFO의 기지일까? 여기는 가이아기지 20
4. 예술품에 나타난 UFO의 흔적 고리오의 영감 26
5. UFO를 쫓는 사람들 기디언의 오랜 기다림 32
6. UFO가 나타날 때 생기는 이상 현상

   미친 듯이 돌아가는 계기판 38
7. 할아버지가 만난 UFO 날아오르는 세숫대야 44
8. UFO의 한국 나들이 사진기자의 특종 50
9. 외계인 동영상, 정말 있을까? 톰슨의 거짓말 56
10. 세기의 UFO사건 #1-로스웰 60년 만에 털어놓은 진실 62
11. 세기의 UFO사건 #2-켁스버그 켁스버그의 진실 68
12. UFO는 거짓이다? 400인의 증언 74
13. 비밀 기지에 관한 미스터리 UFO의 지하궁전 80
14. 세계의 UFO관련 비밀 문서 X파일 있다, 없다? 86
15. 외계인과 사람의 우정 이카루스 별의 말괄량이 공주 92

16. 외계인과 지구인의 교류 지구 올스타 대 또띠딱 행성 올스타 98

17. UFO로 착각하기 쉬운 현상들 작은아버지는 우주과학자 104

18. 외계인은 친구일까, 적일까? #1 제페토 할아버지의 우주여행 110

19. 외계인은 친구일까, 적일까? #2 외계인은 납치범? 116

20. 우주 전쟁 가상 시나리오 UFO가 쳐들어온다! 122

21. 미스터리 서클은 외계인의 메시지? 외계인은 피카소? 128

22. 역사 속의 UFO #1 꼬마 화가가 그린 외계인 134

23. 역사 속의 UFO #2 날아다니는 궁전 140

24. 역사 속의 UFO #3 에스겔의 기도 146

25. 외계인과 함께 근무한 사람들 우리 팀장님은 외계인 152

26. 바다에서 만난 UFO 바닷속 술래잡기 158

27. 우주 비행사가 만난 UFO 외계인의 경고 164

28. 우주여행 가상 시나리오 피트와 제로시 170

29. 피트와 제로시의 교신 가상 시나리오 피트, 응답하라, 오버! 176

30. 지구 학생이 외계로 전학 가는 가상 시나리오

　　　　우주 학교 3학년 지구반 피가로 182

1. 다른 별에도 생명체가 살고 있을까?

제타 행성

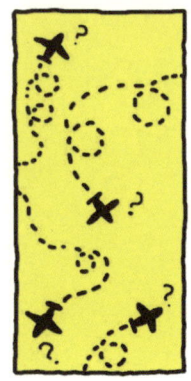

외계인은 정말 있는 걸까요?

밤에 하늘을 올려다보면 정말 많은 별이 반짝이고 있어요. 그 수많은 별을 보면서 우리는 지구 말고도 다른 별에 우리와 닮은 생명체가 살고 있을지도 모른다는 상상을 하고는 했어요. 우리 옛이야기에는 달에 방아 찧는 토끼가 살고 있을 것이라는 이야기도 있지요. 우주에는 태양계가 속한 우리 은하 말고도 수를 헤아릴 수 없을 정도로 많은 은하계가 있어요. 그런 우주에 우리 말고도 다른 생명체가 있을지도 모른다는 생각은 어쩌면 당연한 일일 거예요. 그렇지만 아직 UFO나 외계인이 진짜로 있는 건지는 아무도 몰라요. 좀 더 시간이 흐르고 우리 과학이 발달한다면, 이들이 있는지 없는지 알게 될 거예요. 여러분이 한번 밝혀 볼래요?

우주

이렇게 많은 별 가운데 지구와 비슷한 행성이 하나도 없을까요? 있다면 그곳에는 어쩌면 외계 생명체가 살고 있을지도 몰라요.

초등학생이 가장 궁금해하는 외계인과 UFO 상식 1

외계인은 과연 어떻게 생겼을까요?

물리학자 스티븐 호킹 박사가 3년 간 제작 과정에 참여한 디스커버리 채널의 다큐멘터리 '인투 더 유니버스(Into the Universe)'에서 외계 생명체의 가상 이미지를 그래픽으로 만들었어요. 외계 생명체의 가상 이미지는 여러 가지 모습이에요. 우선 암석 행성에 살 것으로 추정되는 외계 생명체는 긴 꼬리에 마치 파충류처럼 생긴 육식 동물의 모습을 하고 있으며, 독침으로 사냥을 해서 살아요. 영하 150도의 추운 행성에 사는 외계 생명체는 털이 많이 나 있는 모습이지요. 한편, 기체 행성에 사는 외계 생명체는 오징어나 해파리 모습과 비슷하게 그려졌어요. 우리가 상상한 이런 외계 생명체는 물론이고 수천 억 개의 은하가 있는 드넓은 우주 어딘가에는 지능 높은 생명체가 살 가능성도 있겠지요?

외계 생명체 탐사 프로그램

우리나라에서도 2008년 9월부터 경기도 과천에 있는 국립과학관에서 6미터짜리

첨단 전파망원경을 이용해 지구 밖 생명체를 찾는 '외계 생명체 탐사(SETI)' 프로그램을 진행하고 있어요. 세계 여러 나라에서 이미 실시하고 있는 SETI 프로그램은 외계에서 날아오는 각종 신호를 분석해 외계 생명체가 있는지를 확인하는 프로젝트이지요. 국립과학관은 전파망원경으로 외계에서 날아오는 신호들을 수신한 뒤, 이 신호를 SETI 참가자들 PC로 보내 분석하게 해요. 이 데이터를 종합 분석해 외계 생명체의 존재 여부를 판단하는 것이지요. 아직까지 어느 나라도 외계 생명체가 있다는 것을 과학적으로 증명한 적은 없어요. 하지만 언젠가 고도로 발달한 외계 생명체가 지구에 신호를 보내올지도 몰라요.

전파망원경

지구 대기에서 외계 박테리아 덩어리를 발견하다

영국 카디프 대학의 찬드라 위크라마싱 교수 등은 2010년, 광학엔지니어링 국제회의에서 지구 밖 외계에 생명체가 있다는 증거를 대기권에서 발견했다고 발표했어요. 이들은 지구 대기 상층부에서 외계 박테리아 덩어리를 발견했는데, 지구의 박테리아와 매우 비슷하게 생겼다고 해요. 외계 박테리아가 발견된 곳이 지구상의 생명체가 날아가 닿을 수 없는 지구 대기권의 가장 바깥쪽이어서 과학자들은 이것들이 우주에서 날아왔다고 확신해요. 이 박테리아 덩어리는 지상으로부터 41킬로미터 높이의 지점에서 채취했는데도 살아 있었다고 하지요. 이 박테리아는 정말 외계 생명체일까요?

2. 최초로 나타난 UFO

번쩍이는 아홉 대의 비행접시

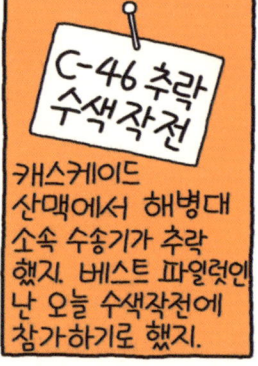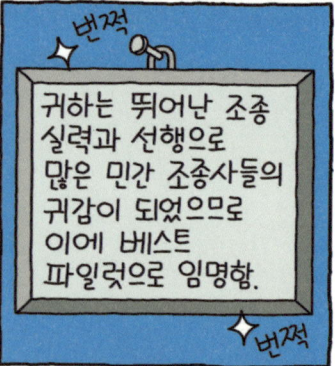

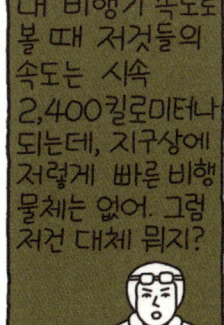

UFO란 무엇인가요?

UFO(Unidentified Flying Object)는 '미확인 비행 물체' 또는 '비행접시'라고 불려요. 1947년, 미 공군의 '블루북 프로젝트' 책임자 에드워드 J. 루펠터 중위가 만든 말이에요. UFO 연구가였던 알렌 하이네크 박사에 의하면, UFO란 공중이나 지상에서 목격된 물체로, 빛을 내며 그 비행 활동이 과학적, 논리적으로 설명이 불가능한 것을 말해요. 전문 기술자가 조사한 뒤에도 여전히 확인 불가능한 현상이라고 하지요. 1967년, 미국의 항공우주학회에 특별위원회가 설치된 이래 조사를 계속하고 있지만 확실한 정체는 아직도 밝혀지지 않고 있어요. 우주인의 비행 물체, 기구, 유성, 구름 속 방전 현상, 어떤 나라의 비밀 무기라는 등 UFO에 대해서는 아직도 여러 가지 주장이 엇갈리고 있답니다.

미확인 비행 물체

초등학생이 가장 궁금해하는 외계인과 UFO 상식 2

UFO를 처음 목격한 케네스 아놀드

케네스 아놀드

1947년 6월 24일, 미국 워싱턴 주 레이니어 산 근처에서 민간 비행사인 케네스 아놀드는 하늘을 나는 비행 물체를 목격하고 상부에 보고했어요. 그 비행 물체는 초승달 모양이고, 엄청난 속도를 내며 반짝이는 빛을 냈다고 해요. 그 뒤 세계 곳곳에서 미확인 비행 물체의 목격 사실이 보고됐지요. 당시 이 이야기는 신문에 보도되며 미국 전역을 떠들썩하게 했어요. 이 사건이 신문을 통해 보도되자, 미 대륙 각처에서 목격자들의 신고가 언론사로 빗발쳤어요. 미 공군이 이 사건들을 조사하기 시작하면서 비로소 UFO란 용어를 사용하기 시작했어요.

UFO를 처음 목격한 케네스의 이야기가 신문에 보도된 뒤, 신문사는 "그 같은 물체를 보았다."는 내용을 제보하는 사람들의 전화로 몸살을 앓을 정도였어요. 이 기사로 케네스는 한순간에 유명 인사가 되었고, '비행접시'에 대한 강연을 하러 다니기 시작했지요. 그러나 유명세 뒤엔 어두운 그림자도 뒤따랐어요. 거짓말쟁이로 몰리기도 하고, 강연을 다니지 말라는 협박을 받기도 했어요. 또 어느 날 갑자기 세무 조사를 당하기도 했고요. 평범한 사업가의 삶을 바꾼 UFO, 정말 있는 걸까요?

 케네스는 정말 UFO를 만난 걸까?

케네스가 본 비행 물체는 전체적으로는 초승달 모양이고 가운데 부분이 조종석처럼 튀어나와 마치 닻 같은 모양이었다고 해요. 당시 가장 빠른 항공기보다 서너 배가 빨랐고, 불빛이 번쩍거렸대요. 정부는 비행 물체에 대한 조사에 나서면서도 한편으론 케네스에게는 강연을 하지 말라고 말렸어요. 당시 유명한 과학자였던 칼 세이건은 케네스가 본 것이 펠리컨 떼일 거라고 주장했고, 운석일 거라고 말하는 사람들도 있었어요. 하지만 얼마 뒤인 7월 8일, 뉴멕시코 주 로스웰에서 추락했다는 UFO와 케네스가 목격한 비행 물체가 같은 모양이었음이 밝혀졌어요. 그렇다면 케네스는 정말 UFO를 본 걸까요?

UFO는 어떤 모양일까요?

지금까지 UFO를 보았다고 주장하는 사람들이 많이 있었는데, 그 사람들이 주장하는 UFO의 모양은 제각각이에요. 원반접시 같다고 하는가 하면, 가오리처럼 생겼다고 하는 사람들도 있어요. 그럼 UFO는 과연 어떤 모양일까요?

시가형

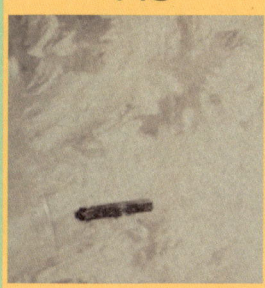

▶ 완전한 원통형, 긴 시가형, 구름 덮인 시가형 등
▶ 대체로 아주 커서 길이가 10~100미터 또는 그 이상이 됨.

삼각형

▶ 삼각형 모양
▶ 1964년, 영국 리크에서 발견
▶ 전동 모터 소리와 빨간 불빛을 켜고 하늘에 떠 있음.

반구형

▶ 밑이 깊은 그릇을 엎어 놓은 것 같은 모습
▶ 1996년, 브라질 쿠이파파에서 목격됨.
▶ 땅에 닿을 듯 말 듯 떠 2개의 강한 불빛을 냄.

원추형

▶ 원반 모양에 가운데가 솟아 있음.
▶ 1974년, 미국 노스캐롤라이나 주에서 목격
▶ 밑 부분 가장자리에 일정한 간격으로 불빛이 남.

구름형

▶ 구름이나 안개에 둘러싸여 있음.
▶ 자유자재로 움직이며 빛을 냄.
▶ 빛의 색은 점멸등

럭비공형

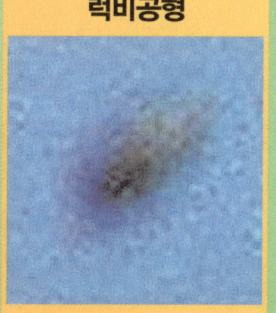

▶ 타원형 형태
▶ 럭비공을 눕혀 놓은 모양으로 비행
▶ 우리나라에서도 가끔 목격됨.

3. 달과 화성은 UFO의 기지일까?

여기는 가이아 기지

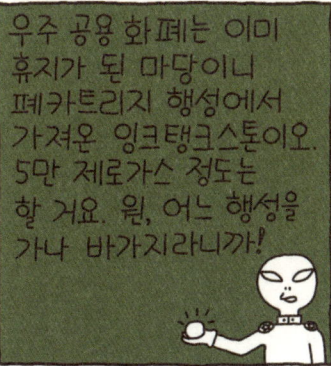

달과 화성은 정말 UFO 기지일까요?

매일 저녁이면 하늘에 뜨는 달. 이 달과 화성에 UFO 기지가 있다고 주장하는 사람들이 있어요. 그 말은 우주 비행을 했던 비행사들에게서 처음 나왔어요. 달이나 우주 탐사를 위해 대기권 밖에 나갔던 우주 비행사들은 자신들의 로켓 뒤를 따라오는 UFO를 보았고, 달 뒷면에 건설돼 있는 거대한 기지를 발견했다고 했어요. 그리고 달 기지를 돌 때 UFO가 같은 궤도를 돌며 따라다니고, 심지어 다시 나타나지 말라는 경고를 했다고 말을 하는 사람도 있어요. 이 같은 우주 비행사들의 주장에 각 나라 정부는 말도 안 된다고 반박했어요. 과연 어느 쪽의 말이 사실일까요?

달

지구에서 보면 달의 뒷면은 보이지 않아요. 이 달의 뒷면에는 정말 UFO 기지가 있는 걸까요?

초등학생이 가장 궁금해하는 외계인과 UFO 상식 3

달에 로봇 우주 기지를 건설할 수 있을까요?

우주 SF 소설의 대가인 아서 클라크는 아폴로 11호가 발사된 지 10년 후 "달은 행성 간 비행의 보급 기지로서 더없이 유리하다. 물론 우주선을 만들기 위한 적당한 재료가 달에 있어야 한다. 달에서 과학기술과 산업을 개발하는 것이 중요한 까닭도 바로 이 때문이다."라고 주장했지요. 실제로 미 항공우주국(NASA)은 이와 같은 달 발진 기지를 '루나트론(Lunartron)'이라고 이름 붙이고, 이미 수십 년 전 이에 대한 가능성을 자세히 연구하기도 했어요. 그런가 하면 2010년, 일본은 "앞으로 5년 안에 달에 로봇 우주 기지를 건설하겠다."고 밝히면서 우주 개척에 열을 올리고 있어요. 과연 그런 일이 이루어질 수 있을까요?

건설중인 국제 우주 정거장

나사는 국제 우주 정거장을 완성할 수 있을까요?

2010년, 미 항공우주국(NASA)이 우주 왕복선 퇴역 이후를 대비해서 우주 센터를 활용한다는 계획을 발표했어요. 그 후에는 우주 궤도상에서 연료를 보급할 수 있는 연료 기지나 무게가 많이 나가지 않아 쉽게 다룰 수 있는 물자 보관실 등을 개발할 계획도 세웠어요. 또 수송기나 국제 우주 정거장 등으로 자동적으로 접근하거나 도킹하는 기술을 개발하고 그에 대한 실험도 진행할 계획이라고 해요. 이에 따라 우주 왕복선 발사장이 있는 플로리다 주 케네디 우주 센터는 민간 유인 왕복선 개발을 지원하고, 발사장은 다양한 수송기를 저렴한 비용으로 발사하는 곳으로 재활용할 예정이에요.

한편, 앨라배마 주에 있는 마셜 우주 센터는 저비용과 고효율의 차세대 로켓 기술을 개발하고, 장래에 달과 화성에 유인 우주선을 보내는 로켓 탐사 계획도 추진할 계획이에요.

과연 언제쯤 국제 우주 정거장이 만들어질 수 있을까요?

케네디 우주 센터

4. 예술품에 나타난 UFO의 흔적
고리오의 영감

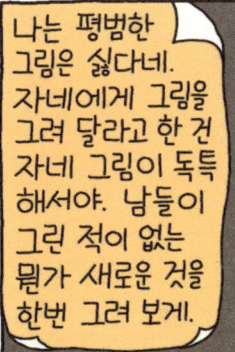

명화 속에 등장한 UFO는 뭘까요?

옛 명화나 작품을 보면 UFO로 짐작되는 물체가 등장하는 경우가 있어요. 당시 그림을 그리거나 작품을 만든 사람들은 왜 자신들의 작품에 UFO를 그려 넣었을까요?

세례 받는 예수를 비추는 UFO의 불빛

1710년, 네덜란드의 화가 헬데르의 작품 중에는 어두운 강가에서 세례 받는 예수를 그린 그림이 있어요. 그림을 자세히 보면 깜깜한 연극 공연장에서 무대 위의 배우들을 비추는 밝은 조명처럼 세례를 받고 있는 예수를 어떤 물체가 환하게 비추고 있지요. 마치 UFO를 연상시키는 모양이지요. 그림 속 예수를 비추는 이 미확인 비행 물체는 과연 UFO일까요? 만약 UFO라면 왜 예수를 환하게 비추고 있을까요?

헬데르의 그림

초등학생이 가장 궁금해하는 외계인과 UFO 상식 4

태피스트리에 짜 넣은 UFO

여러 가지 색깔의 실로 그림을 짜 넣은 직물인 태피스트리 가운데에서도 UFO인 듯한 물체를 발견할 수 있어요. 1538년 만들어진 태피스트리를 보면, 왼쪽 위에 접시 모양의 UFO가 있는 걸 볼 수 있어요. 주로 벽걸이나 가리개 등 실내 장식품으로 사용되는 태피스트리에도 UFO 같은 물체가 등장하는 걸 보면 중세 시대 사람들도 종종 UFO를 목격했던 걸까요? 이렇게 오래된 유물에도 등장하는 UFO, 과연 사람들은 언제부터 UFO를 본 걸까요?

카를로 크리벨리 그림 속에 나타난 성모 마리아와 UFO

카를로 크리벨리(Carlo Crivelli, 1430(?)~1495년)는 성모 마리아를 즐겨 그리는 이탈리아의 화가였어요. 카를로가 그린 그림 중에도 우리의 눈길을 끄는 작품이 있어요. 바로 1486년에 그린 것으로, UFO를 연상시키는 물체가 마리아의 머리 위를 비추는 그림이지요. 바로 '수태고지'(The Annunciation)라는 작품이에요. 그림을 보면 마리아의 머리를 하늘에 뜬 미확인 비행 물체가 노란 빛을 길게 비추고 있어요. 수태고지는 기독교에서 하느님의 사자인 대천사 가브리엘이 처녀인 마리아에게 그리스도를 임신했다는 사실을 알리는 것이에요. 이 그림은 그런 내용을 담은 것인데, 마치 UFO로 연상되는 물체가 하늘에서 마리아에게 빛을 내리쬐고 있지요. 이 작품은 현재 런던의 내셔널갤러리에 전시돼 있지요. 그런데 카를로가 그린 것은 혹시 UFO가 아니었을까?

카를로 외에도 15세기의 화가들 가운데 UFO를 그린 화가가 있어요. 마리아의 어깨 뒤로 UFO가 보이는 그림이 있어서 UFO를 믿는 사람들 사이에서 큰 화제가 되기도 했지요.

카를로 크리벨리의 〈수태고지〉

카를로 크리벨리는 누구인가요?

이탈리아의 베네치아 근처에 있는 무라노 섬에서 태어난 화가예요. 주로 성모 마리아와 예수를 그렸으며, 카를로만의 특유한 성모 마리아상을 그려낸 것으로 유명하지요. 대표작으로 〈성모와 네 성도〉(밀라노 브레라미술관 소장), 〈수태고지〉(런던 내셔널갤러리 소장), 〈성모의 수난〉, 〈피에타〉 등이 있답니다.

5. UFO를 쫓는 사람들

기디언의 오랜 기다림

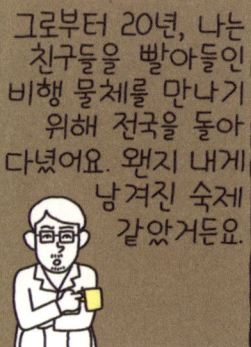

UFO를 쫓는 사람들

J. 알렌 하이네크 박사

UFO에 대해 깊은 관심을 가지고 연구하는 사람들이 있어요. 이 사람들을 'UFO 헌터'라고 하는데, UFO와 관련된 일을 하는 모든 사람들을 말해요. UFO를 촬영하거나 UFO 사건 현장을 찾아다니면서 조사를 해요. 또 UFO 관련 문서 공개를 위해 정부를 상대로 법정 싸움을 벌이는 등 UFO를 세상에 알리기 위해 노력하지요. 세계적인 UFO 연구가로 알려진 J. 알렌 하이네크 박사도 대표적인 UFO 헌터예요. 미국의 경우, 각 주에 1천 명이 넘는 UFO 헌터들이 활동하고 있다고 해요. 이들은 일정 기간 동안 MUFON에서 교육을 받고 자신이 살고 있는 지역에서 활동을 해요. 이런 UFO 헌터들은 미국뿐만 아니라 세계 여러 나라에서 점점 늘어나고 있답니다.

 뮤폰(MUFON)이 뭔가요?

뮤폰(MUFON)이란 범 세계 UFO 네트워크(Mutual UFO Network)의 약자예요. 미국에 본부가 있으며, 세계 각지에서 UFO 목격 사례가 늘어남에 따라 전 세계에 각 지부를 두고 있어요. 최근에는 해마다 UFO와 관련된 학술 포럼과 컨퍼런스를 개최하고 있어요. 또한 세계적인 네트워크 망을 운영하고 있으며, 현재 이 단체에 소속된 UFO 연구가들이 많이 활동하고 있어요.

초등학생이 가장 궁금해하는 외계인과 UFO 상식 5

UFO신드롬, 왜 생기나?

2010년 5월에 세계적으로 유명한 물리학자인 스티븐 호킹 박사가 외계 생명체가 있을 가능성이 높다고 발표한 적이 있어요. 그러면서 UFO에 대한 관심이 다시 크게 일어나고 있지요. 이에 따라 요즘 전 세계적으로 UFO를 목격했다고 하거나 전문적으로 UFO를 연구하는 사람들이 많아지고 있어요.

이런 현상을 UFO신드롬이라고 해요. UFO신드롬이란, UFO가 있다고 믿고 이를 찾거나 이에 대한 관심을 가진 사람들이 늘어나는 것을 말해요. 오늘날 UFO 신드롬이 빠르게 번지고 있어요. 그 이유는 무엇일까요?

학자들은 과학의 발전과 미신이 만들어 낸 '과학적 신비주의'의 영향이라고 말해요. 종교가 사람들에게 창조 신앙과 구원 그리고 내세에 대한 확신을 확고하게 심어 주지 못했기 때문이라는 것이지요. 특히 UFO 숭배는 정치, 경제, 사회가 불안할 때 사람들이 무속인을 찾는 것과 비슷한 심리 현상이라고 하지요. 따라서 정치나 경제 상황 등이 불안한 나라일수록 UFO신드롬 현상이 많이 나타난답니다.

미확인 비행 생물체, 로드

　미확인 비행 생물체 가운데 하나인 로드는 모양이 막대기처럼 생겨서 붙은 이름이래요. 1990년대 초 미국에서 처음 촬영된 뒤 세계 각지에서 발견됐대요. 특히, 일본에서는 로드 동호회까지 생길 정도로 일본인들의 많은 관심을 받고 있지요. UFO보다는 크기가 훨씬 작아 수센티미터~수미터 정도지만, 비행속도는 초속 3~4킬로미터 정도로 매우 빨라요. 따라서 눈으로는 전혀 볼 수가 없고, 날개가 있긴 하지만 날갯짓으로 나는 것이 아니라 회전하면서 비행한다는 점이 다른 생물체와는 다른 점이래요. 2001년 5월경, 우리나라에도 2~3차례 목격되어 사람들의 큰 관심을 끌었지요.

미확인 생물체 로드

6. UFO가 나타날 때 생기는 이상 현상

미친 듯이 돌아가는 계기판

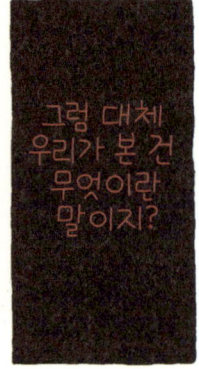

UFO를 만나면 어떤 현상이 일어날까요?

UFO를 만난 사람들은 한 목소리로 이상한 현상을 목격했다고 말해요. UFO를 만나면 일시적으로 몸이 마비되어 움직일 수 없거나 심한 두통, 구토, 설사 등을 일으킨다고 해요. 미국의 한 여성 목격자의 이야기예요. 1980년 12월 29일 밤 9시경 베티 케시 여사는 다이아몬드형의 UFO에서 뿜어 내는 뜨거운 열기로 두통과 설사, 구토, 탈모 증상을 일으켜 수주일간 병원에 입원했다고 해요. 탈모 증상은 특히 심해서 머리카락이 한 뭉치씩 빠져나가 결국 절반 정도만 남게 되었다는군요.

기계에는 어떤 현상이 일어날까요?

자동차, 배, 비행기 등의 기계도 오작동을 일으키거나 이상한 증상을 나타낸대요. 자동차나 배의 엔진이 멈추는 일이 종종 일어났으며, 배나 비행기의 계기판이 미친 듯이 돌아가거나, 무선통신이 전혀 되지 않는 경우도 많았대요. 또한 나침반, 자석, 손목시계가 갑자기 고장 나거나 라디오나 텔레비전이 작동을 멈추는 경우도 있었어요. 더욱 신기한 것은 UFO가 사라지면 언제 그랬냐는 듯이 금방 정상적으로 작동된다고 해요.

UFO를 만난 동물들의 반응은 어떨까요?

동물들의 경우는 사람들보다 한 발 앞서 평소와는 다른 반응을 보인다고 알려졌어요. 개나 고양이, 양, 소, 거위, 말, 닭, 야생 조류들이 UFO를 만나면 모두 공포감을 드러낸대요. 개는 깜짝 놀라 짖거나 움츠리고 떨다가 달아나 버리고, 말들은 발을 구르고 울타리 안을 뛰어다니며 뒷다리로 서거나 입에 거품을 문다고 해요.

초등학생이 가장 궁금해하는 외계인과 UFO 상식 6

왜 UFO를 만나면 이상한 현상이 벌어질까요?

UFO를 만났다고 하는 사람들의 말을 들어보면 정말 이상한 현상이 많아요. 그렇다면 왜 그런 이상 현상을 겪게 되는 걸까요?

UFO를 연구하는 사람들은 UFO가 현재 지구에서 만든 전투기나 비행기와는 아주 다르다고 해요. UFO는 강력한 에너지를 내뿜고, 엄청난 힘을 지닌 자기장을 형성한다고 주장하지요. 또, UFO가 착륙했던 곳에서는 어마어마한 양의 방사능 물질이 나온다고도 말해요. 그러나 어떤 에너지가 사용되는 것인지, 왜 그런 것인지에 대한 해답은 아직 밝혀지지 않았답니다.

또 많은 사람들이 UFO가 나타나면 나침반이 제멋대로 돌아가고, 계기판이 미친 듯이 돌아가는 현상이 있었다고 주장해요. 이런 현상을 두고 UFO를 연구하는 사람들은 UFO가 내뿜는 물질 때문이라고 하지요. UFO가 전자기파를 혼란스럽게 만드는 어떤 물질을 내뿜는 것이라고 생각하는데, 이 또한 아직 정확하게 밝혀진 사실은 아니에요.

하지만 한편으로는 UFO를 만난 사람들이 나타내는 신체적 이상은 이곳에서 내쏘는 극초단파 때문일 것이라고 주장하는 사람들이 있어요. 극초단파는 전자기파의 일종으로, 파장이 1미터보다 작은 것이에요. 인

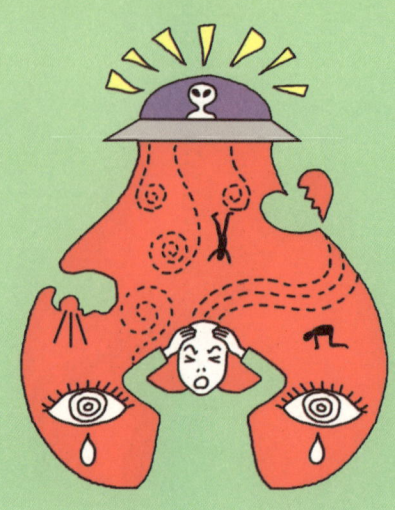

간의 뇌 신호는 전기적인 성질을 띠는데, UFO가 만약 강력한 전자기파를 내뿜는다면 뇌 신호가 혼란을 겪어서 인체가 정상적인 활동을 못하게 될 수 있다는 것이지요.

 UFO의 비밀을 파헤쳐라!

 UFO의 전파 방해, 작동 방해의 비밀을 풀고자 노력한 사람들도 많이 있어요. 1966년, 미국 콜로라도 대학의 물리학과 교수 에드워드 콘돈 박사 팀도 이 같은 의문을 풀려고 연구에 들어갔어요. 강력한 자기장을 이용하면 자동차 엔진을 멈출 수 있을 것이라고 생각했으나, 끝내 그 연구는 성공하지 못했지요.
 최근에는 마이크로파를 이용해 엔진과 헤드라이트를 잠시 꺼뜨리는 실험을 한 연구팀도 있었지요. 그러나 한번 꺼진 헤드라이트는 더 이상 저절로 작동하지 않았지요. 따라서 UFO나 외계인이 정말 있다면, 지금 우리가 알고 있는 과학적 지식으로는 흉내 낼 수 없는 높은 수준의 기술을 가진 것이 아닐까 짐작할 뿐이지요.

에드워드 콘돈 박사

7. 할아버지가 만난 UFO
날아오르는 세숫대야

동양의 옛 그림 속에도 UFO가 있다고요?

앞에서 오래전에 그려진 서양의 명화 속에 나타난 UFO에 대해 살펴보았어요. 그렇다면 서양의 명화에만 UFO가 등장한 걸까요? 아니에요. 우리나라와 가까운 중국에서도 UFO를 그린 그림이 전해지고 있어요.

중국의 청나라 말기, 오우여라는 화가가 남긴 그림을 보면 UFO로 보이는 비행 물체가 그려져 있어요. 오우여가 붙인 그림 제목은 '적염등공'이에요. 즉 '붉은 불덩어리가 하늘에 떠 있다.'는 뜻이지요. 당시 남경 수작교 근처에 나타났던 괴물체와 그것을 구경하는 사람들의 모습을 그린 것이에요. 비행기도 없던 때, UFO를 보았다면 얼마나 두렵고 신기했을까요? 이것을 목격한 오우여도 무척 깊은 인상을 받고, 이 같은 그림을 그렸을지도 몰라요.

적염등공

중국에서 오래전에 UFO를 목격한 그림이 전해져 온다면 우리나라나 일본에도 그런 그림이 있는지 알아봐야지!

초등학생이 가장 궁금해하는 외계인과 UFO 상식 7

우리나라 역사에 등장하는 UFO

서양과 중국에서는 옛날부터 UFO를 보았다는 기록과 그림이 전해지고 있어요. 그렇다면 우리나라는 어떨까요? 우리나라에서도 자료를 찾아보면 UFO로 보이는 물체를 보았다고 하는 기록이 전해지고 있답니다.

조선 하늘에 UFO가 나타나다

조선 시대에도 오늘날과 같은 UFO가 나타났다는 얘기가 조선왕조실록에 실려 있어요. 광해군 때 관리였던 김문위의 증언을 보면, 마치 오늘날의 UFO 목격담을 듣는 것 같아요. 어떻게 전하고 있는지 그 부분을 읽어 볼까요?

《광해군일기》

"집 뜰 가운데 처마 아래의 땅 위에서 갑자기 세숫대야처럼 생긴 둥글고 빛나는 것이 나타나, 처음에는 땅에 내릴 듯하더니……하늘에 붙은 것처럼 날아 움직여……갑자기 또 가운데가 끊어져 두 조각이 되더니……연기처럼 사라졌고……조금 뒤에 우레 소리가 몇 번 나더니, 끝내는 돌이 구르고 북을 치는 것 같은 소리가 그 속에서 나다가 한참 만에 그쳤습니다."

이것은 당시 강원도의 양양부에서 목격된 것인데, 양양부만 아니라 근처의 강릉부와 춘천부에서도 이와 비슷한 일이 목격되었다고 기록돼 있어요. 조선 시대에 우리나라에 나타난 이상한 물체는 UFO였을까요?

6·25 전쟁 때 UFO가 나타나다

6·25 전쟁 중에도 UFO가 출몰했다는 기록이 있어요. 1952년, 강원도 철원 근처에 있는 미군 작전 지역에 UFO가 나타났다고 해요. 군인들의 집중 사격을 받은 UFO는 심하게 흔들린 뒤 갑자기 큰 소리를 내며 군인들을 향해 광선을 발사하고

순식간에 사라졌어요. 그로부터 3일 후, 광선을 쬐었던 군인들은 몸이 붓고 설사 증세가 나타나 병원으로 급히 실려 갔어요. 이 소문을 듣고 찾아온 정보부대의 장교는 부상병들에게 이 사건에 대해 절대 외부로 발설하지 말라고 명령했어요. 군인들을 공격한 광선의 정체는 무엇이며, 장교가 절대 말하지 말라고 한 이유는 무엇일까요?

8. UFO의 한국 나들이
사진기자의 특종

취재 중 우연히 찍은 UFO 사진

취재하던 기자에게 우연히 찍힌 UFO 사진이 세계적으로 인정받은 일도 있지요. 1995년 9월 4일, 우리나라의 김선규 기자는 경기도 가평에서 취재 중 우연히 선명한 UFO 사진을 찍게 됐어요. 연속 사진으로 찍었기 때문에 선명하게 UFO의 모습이 잡혔어요. 세계 3대 UFO 연구 기관인 MUFON, CUFOS, FSR 등에 정밀 분석을 의뢰한 결과, 자연 현상이나 조작이 아니라 진짜 UFO를 찍은 것으로 인정받은 것이에요. 이 사진은 우리나라 사람들로 하여금 UFO에 관심을 갖게 만들었지요.

가평에서 찍은 UFO 사진

초등학생이 가장 궁금해하는 외계인과 UFO 상식 8

광화문 하늘에 나타난 UFO

　많은 사람들이 동시에 목격한 UFO 사례도 있어요. 2008년 10월 12일, 서울 광화문 하늘에 삼각형과 육각형으로 대형을 이룬 7여 대의 발광체가 나타난 거예요. 이 모습은 27명 정도의 시민들이 봤다고 해요. UFO에 관심이 많은 허준이라는 사람은 2005년부터 지금까지 광화문에서만 네 차례나 UFO를 촬영했다고 해요. 그리고 한국 UFO 조사 분석 센터에서도 이 사진은 진짜 UFO일 가능성이 높다고 인정했어요. 한국의 중심부인 서울의 광화문에 UFO가 자주 나타나는 이유는 뭘까요? 그리고 최근에 자주 출현하는 이유는 과연 무엇일까요?

우아, 2010년에도 광화문에 UFO가 나타났대요.

공군 레이더에 나타난 UFO

1992년 2월 11일 오전 10시경, 의왕봉 공군 레이더 기지에는 비상이 걸렸어요. 레이더에 괴상한 비행 물체가 잡혔기 때문이에요. 그 비행 물체는 처음에는 4백 노트의 속력으로 날았는데, 어느 순간 갑자기 6천 노트로 변했다는 거예요. 공군은 군함과 전투기를 바로 출동시켜 수색했지만, 아무 물체도 보이지 않았고, 레이더에서도 곧 신호가 사라졌어요. 공군은 당시 비행 물체가 "새 떼나 구름 뭉치일 것"이라고 주장했지만, 한국UFO 협회는 "UFO일 것"이라며 공방을 펼쳤어요.

그런데 그때 나타난 것이 정말로 UFO가 맞을까요?

9. 외계인 동영상, 정말 있을까?
톰슨의 거짓말

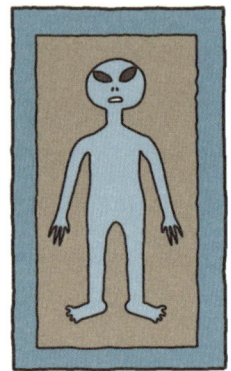

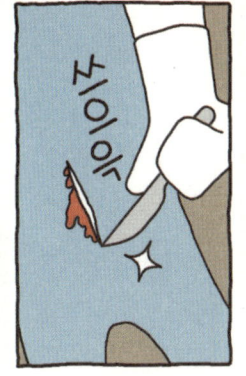

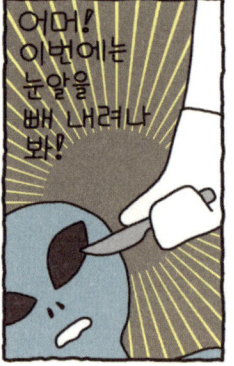

전 세계인이 놀란 외계인 해부 동영상

1994년, 미국의 폭스 TV는 '외계인 해부 동영상' 비디오를 세상에 발표했어요. 폭스 TV는 매우 놀라운 일이라며 비디오 내용을 방송했지요. 비디오를 본 사람들은 매우 놀랐어요. 이 비디오는 두 명의 미군 군의관이 수술대에 누워 있는 외계인의 사체를 해부하는 장면을 담고 있었거든요. 그 외계인은 1947년 미국의 로스웰에 추락한 UFO에 타고 있던 외계인이라는 것이었지요. 당시 외계인을 해부하는 모습은 미국 정부의 감시 하에 촬영한 것이라고 했어요. 매우 충격적인 내용이었지요.

이 비디오 내용을 접한 전 세계 사람들은 깜짝 놀랐어요. 어딘지 알 수 없는 작은 병실, 해부대 위에 놓인 외계인 시체 모습은 우리 상상과 상당히 비슷했어요. 해부 장면도 아주 사실적이어서 실제 상황이라고 믿은 사람도 많았어요. 비디오에 담긴 외계인의 모습은 과연 진짜였을까요?

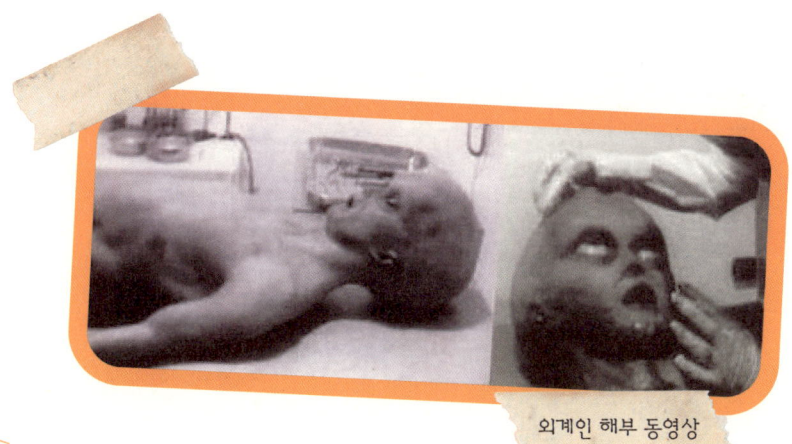

외계인 해부 동영상

초등학생이 가장 궁금해하는 외계인과 UFO 상식 9

영화 홍보를 위해 만든 가짜 외계인 동영상

2010년에는 브라질에서 생포됐다는 외계인 동영상이 인터넷에 올라와 많은 사람들의 눈길을 끌었어요. 1994년, 1995년에 이어 세 번째 외계인 해부 동영상이 공개된 것이에요. 그런데 이 모든 것이 조작된 것이고 가짜 동영상이라는 사실이 밝혀졌어요.

1994년에 발표된 비디오 동영상은 미국 할리우드에서 〈로스웰〉이란 영화를 홍보하기 위해 일부러 공개한 것이었지요. 외계인 해부 장면은 실제로 영화에 나오는 장면이었어요. 처음 비디오 동영상을 발표한 폭스 TV측에서 의문점을 포착하고 사실을 추적하기 시작했대요.

영화 〈로스웰〉 포스터

이에 영국의 TV 영화감독 배이트만이 그 동영상은 자신이 만들어 낸 가짜임을 밝혔고, 1995년 공개된 동영상 역시 영국의 유명 영화감독인 레이 산틸리가 나중에 자신이 만든 것임을 털어놓았어요.

이렇게 인터넷에 돌아다니는 동영상은 누가, 언제, 어떻게 촬영했는지 등의 정보가 정확하지 않아 합성이나 조작한 것일 가능성이 크다고 해요. 세계 여러 나라에 팔아 돈을 벌기 위해서 꾸민 것이었지요.

외계인 해부 동영상, 과연 있을까?

그 동안 사람들에게 공개되었던 외계인 해부 동영상은 대체로 가짜라는 것이 밝혀졌어요. 그럼에도 불구하고 외계인 해부 동영상의 진본이 어딘가에 숨겨져 있다는 소문이 꼬리에 꼬리를 물고 이어지고 있어요. 그 이유는 무엇일까요? 외계인과 UFO를 연구하는 사람들은 세계 여러 나라 정부가 이에 대한 진실을 알고 있고, 그 증거를 갖고 있으면서도 국민들에게는 공개하지 않는다고 생각하고 있어요. 비밀을 감추고서, 그에 따른 이득을 얻고 있다는 것이에요. 무엇 때문이든 비밀의 열쇠를 쥐고 있는 사람들이 진실을 속 시원히 밝힌다면 어떨까요?

브라질 생포 외계인

10. 세기의 UFO사건 #1 - 로스웰

60년 만에 털어놓은 진실

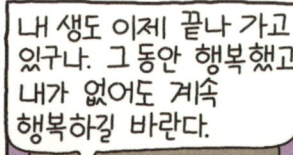

도대체 '로스웰 사건'은 무엇인가요?

1947년 어느 날, 미국의 뉴멕시코 주 로스웰에서 UFO로 보이는 비행 물체가 떨어졌어요. 가장 먼저 비행 물체를 발견한 사람은 그곳에 살고 있던 농부 윌리엄 브래즐이었지요. 윌리엄과 그 주변 사람들은 놀라서 세상에 그 사실에 대해 떠들고 다녔어요. 사람들 사이에 입소문이 나자 〈로스웰 데일리 레코드〉지가 이 사건을 크게 보도했어요. 당시 발견된 것은 UFO의 잔해로 여겨지는 은박지, 테이프, 종이, 막대 등이었고, 외계인으로 추정되는 키가 작고 머리가 큰 생명체의 시체 등이었어요.

그러나 다음 날, 공군은 이것을 "UFO가 아니라, 비밀리에 공군에서 띄운 기상 관측용 기구"라고 발표했어요. 로스웰 사건이 일어난 지 60여 년이 지난 지금에도 이때 추락한 비행 물체가 UFO인지, 아닌지 정확히 밝혀지지 않고 있어요.

〈로스웰 데일리 레코드〉지의 UFO 관련 기사

초등학생이 가장 궁금해하는 외계인과 UFO 상식 10

로스웰 사건에 대한 진실은 무엇인가요?

60여 년 전에 일어난 로스웰 사건은 아직도 진실이 밝혀지지 않았어요. 그런데 당시 그 사건을 목격했거나 관련 사실을 전해 들은 사람들은 새로운 사실을 주장하고 있어요. 과연 어떤 주장인지 살펴볼까요?

월터 하우트의 유언, '외계인은 있다!'

'로스웰 사건' 당시 로스웰 기지 언론 공보장교로 일했던 월터 하우트는 2005년 12월에 사망했어요. 월터는 자신이 세상을 떠난 뒤 공개하라며 유언을 남겼어요. 유언의 내용은 매우 충격적이었어요. 월터는 당시 비행접시 파편과 1.2미터 정도 키의 방수외투를 입고 있는 2명의 외계인을 봤으며, 그들은 몸에 비해 머리가 상대적으로 컸다는 것이었지요. 하우트의 유언이 공개되면서 '로스웰 사건'은 다시 한 번 세상의 관심을 받았어요. 월터는 세상을 속인 최대의 거짓말쟁이였을까요? 아니면 세상에 로스웰의 진실을 밝힌 용감한 사람이었을까요?

밀턴 스프라우스의 증언

사건 발생 60년 만에 당시 로스웰 공군 기지에 근무했던 상병 밀턴 스프라우스도 당시 수색 작전에 참가했던 동료들에게 들은 내용을 증언했어요. 그곳에서 발견된 금속 잔해가 아무리 구부려도 아무런 금이 가지 않고 완벽하게 펴졌다는 것과 외계인 사체를 회수해 비행기 격납고에 보관했다는 거였어요. 또 위생병으로부터 의료진이 외계인 사체를 해부한 이야기를 들었다고 했어요. 해부 결과, 외계인들의 내장 기관에는 음식물을 소화시키는 부분이 없는 것으로 보아 음식물을 전혀 먹지 않는 것으로 보인다고 했대요. 스프라우스는 당시 격납고를 지키는 총을 든 군인들의 모습을 보았고, 직접 수색 작전에 참가했거나 이를 목격한 동료들은 모두 다른 부대로 보내졌다고 해요.

 UFO 파편 팔아요!

몇 년 전, 로스웰에서 추락한 UFO 파편이 경매에 나온 일이 있었어요. 이 파편을 조사한 학자들은 파편이 초강력 열에 녹은 외계 금속재고, 과거에 방사능이 있었지만 현재는 방사능이 전혀 없으며, 큰 값어치를 가진 운석일 수도 있다고 주장했어요. 놀랍게도 이 물질은 사람들의 주목을 받지 못해 지난 2007년 10일간 진행된 인터넷 경매에서 한 네티즌에게 아주 낮은 가격인 21불 50센트에 낙찰되었어요. 그런데 그 경매가 다시 진행된다면 더 높은 가격으로 꼭 사겠다며 아쉬워하는 네티즌들도 많았답니다.

UFO 파편

외계인은 과연 있을까?

우주가 정말로 넓은데, 그 안에 우리 말고 또다른 생명체가 있을지도 몰라!

11. 세기의 UFO사건 #2 - 켁스버그

켁스버그의 진실

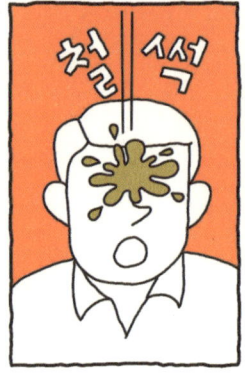

정확히 밝혀지지 않은 켁스버그 사건

로스웰 사건과 마찬가지로 아직 진실이 밝혀지지 않은 UFO 관련 사건이 있어요. 바로 미국의 펜실베이니아 주에 있는 작은 마을 켁스버그에 비행 물체가 추락한 사건이지요. 1965년 10월 9일, UFO를 목격한 켁스버그 마을 주민들은 정체를 알 수 없는 비행 물체가 마을 뒷산에 떨어진 사실에 겁에 질려 아무에게도 이 얘기를 털어놓지 않았어요.

그러다 25년 만인 1990년에 입을 열었어요. 그것도 사실은 TV프로그램 제작진들의 끈질긴 설득에 못 이겨서였다고 해요. 그런데 그 동안 마을 주민들은 정부나 공군으로부터 아무런 해명도 듣지 못했지요. 제작진들이 1995년 펜타곤이 공개한 대로 '비행 물체는 구 소련의 코스모스96 인공위성이 추락한 것'이라는 설명을 하자, 그때서야 자신들이 본 사실을 자세히 말해 주었다고 해요. 그러나 며칠 뒤, 마을 사람들의 인터뷰 화면은 UFO 목격설과 관련된 자료로 방송되었어요. 이 사실을 뒤늦게 알게 된 마을 사람들은 '거짓말'이라고 방송국에 항의하고, 탄원서를 냈어요. 하지만 결국 UFO 목격설로 방송됐어요.

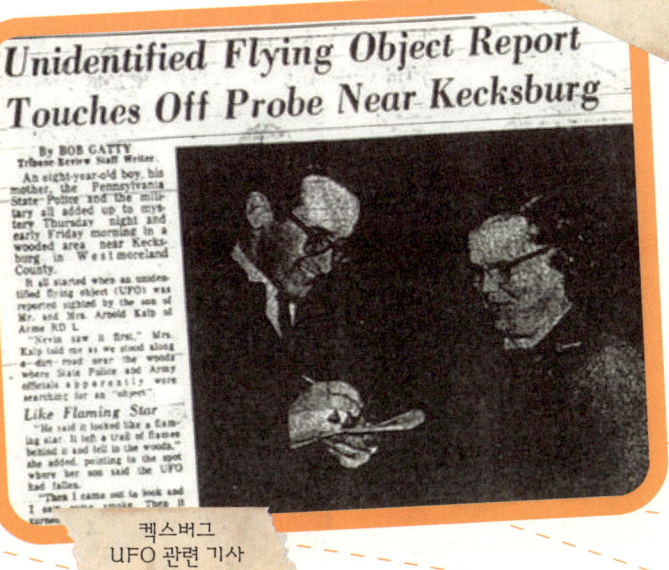

켁스버그 UFO 관련 기사

초등학생이 가장 궁금해하는 외계인과 UFO 상식 11

과연 진실은 무엇일까?

　세상에 아직 정확하게 알려지지 않은 다른 UFO 목격설과 마찬가지로 켁스버그 사건 역시 무엇이 진실인지 아무도 몰라요. 그러나 1995년경 사람들에게 공개된 미국의 UFO 관련 프로젝트 '블루북'을 보면 켁스버그 마을 사건이 'UFO 추락사고'로 기록돼 있었어요. 이 사실을 알게 된 켁스버그 사람들은 누구보다 놀랐지요. 진실이 무엇인지 궁금했던 마을 사람들은 다음 해 러시아 우주항공국에 "코스모스96이 정말로 켁스버그에 떨어졌는지?"를 묻는 편지를 보냈어요. 러시아 우주항공국에서 보내 온 답변은 마을 주민들을 다시 한 번 놀라게 만들었지요. "코스모스96은 캐나다에만 떨어졌다."는 대답이 돌아왔거든요. 그렇다면 블루북 프로젝트에 기록된 대로 그날 추락한 비행 물체는 정말 UFO였던 걸까요?

신문 기사

동영상

상상 복원 그림

켁스버그의 UFO 관련 자료들

레슬리 킨과 NASA의 법적 공방

'켁스버그 UFO 추락사건' 정보를 부인하는 정부와 정면으로 맞선 UFO 조사자도 있어요. 지난 2008년, 미국의 레슬리 킨은 "켁스버그 사건의 X-File을 공개할 것"을 법적으로 정부에 요구했고, 미국 사우스캘리포니아 주 컬럼비아 지방 법원에서는 레슬리 킨의 손을 들어 주었어요. 나사(NASA)는 '기밀 정보'라는 이유로 정보를 감추는 것을 정당하다고 주장했지만, 법원은 '정보 공개법'을 내세워 "정보를 공개하라."는 판결을 내린 것이지요. 결국 레슬리 킨의 요구가 받아들여진 거예요.

컬럼비아 지방 법원의 판결 이후 레슬리 킨은 나사로부터 켁스버그 사건 파일을 전달받았어요. 레슬리 킨은 그 자료를 분석하여 MUFON(전세계 UFO 네트워크), UFO 심포지움, UFO 컨퍼런스 등에 공개할 예정이라고 하니 곧 진실이 밝혀지겠지요?

코스모스96 인공위성

켁스버그에 떨어진 UFO와 비슷한 모양이긴 한데, 자세히 보면 달라요.

12. UFO는 거짓이다?

400인의 증언

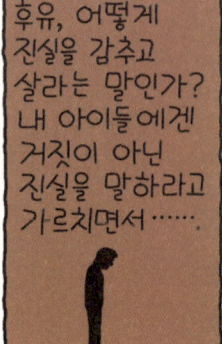

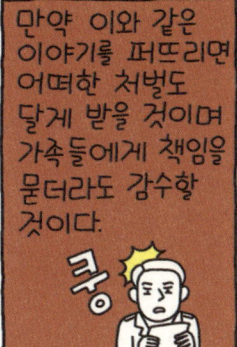

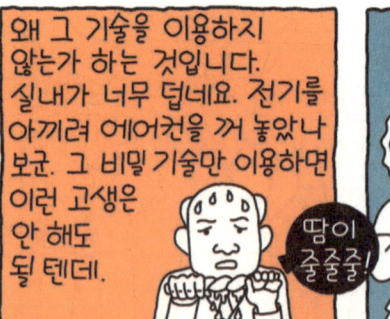

목숨을 건 400인의 증언

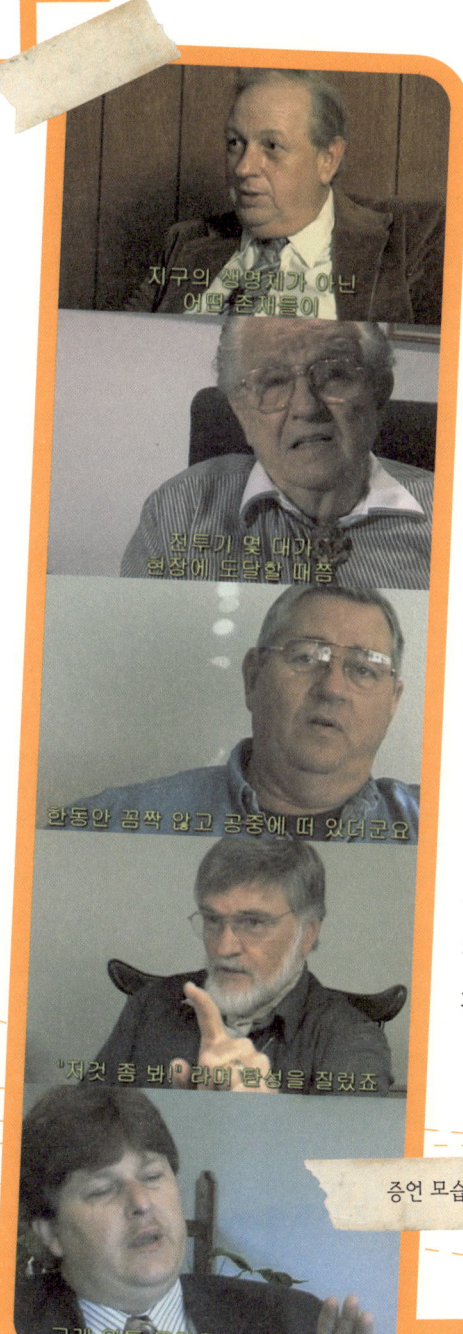

증언 모습

'디스클로저 프로젝트'는 UFO와 외계인이 있다고 믿는 미국의 민간 단체예요. 전직 NASA 직원, 전직 공무원과 군인, 과학자, 기자 등 400여 명의 사회적으로 인정받는 전문가들로 구성되어 있어요. 이들은 과거 정부와 군대가 UFO와 외계인에 대해서 정확한 사실을 숨기고 있다고 믿고 있지요. 그래서 지난 1997년, 기자회견을 열고 이와 관련된 공개 청문회와 법안 제정을 미국 정부에 요구했어요. 그러면서 전직 정보기관 요원, 과학자, 군수업체 직원, 군인 등 400여 명의 증언이 담긴 115분짜리 동영상을 유튜브에 공개해 화제를 낳기도 했어요. 동영상 진행자는 "이들의 증언은 목숨을 건 것"이라는 설명을 덧붙였어요. 디스클로저는 우리말로 '폭로'라는 뜻이에요. 그런데 목숨을 건 400인의 증언 내용은 서로 비슷한 점도 아주 많아요. 이것이 과연 진실을 밝힌 것일까요?

초등학생이 가장 궁금해하는 외계인과 UFO 상식 12

UFO는 거짓이다?

전 세계적으로 UFO를 목격했다고 주장하는 사람들이 많이 있어요. 그중에서도 유난히 미국은 UFO를 목격하거나 UFO에 납치되어 생체 실험을 당했다고 주장하는 사람들이 많아요. 특히 UFO가 추락했다는 미국의 로스웰이나 켁스버그는 UFO를 믿는 사람들에겐 꼭 한 번 가 봐야 할 곳으로 손꼽히지요.

그러나 미국 정부는 일관된 주장을 펼치고 있어요. "UFO는 없다. 따라서 외계인도 없다." 하고 말이지요. 미국 정부의 주장에 따르면, 단연코 UFO는 거짓이라는 것이지요. 그런데도 UFO와 관련해서는 유난히 민감한 반응을 보인다는 게 목격자들의 주장이에요. 또한 UFO를 목격했다고 하거나 그에 따른 처리 작업을 맡았던 사람들에게는 특별히 '국가에 대한 맹세'를 시킨다고 해요. 그 내용을 죽을 때까지 발설해서는 안 된다는 것이지요. 또 강제로 서약서를 쓰게 하거나 비밀 요원을 붙인다고 해요. 도대체 왜 그러는 걸까요?

로스웰 전경

UFO는 음모다?

UFO와 관련해서 두 가지 음모설이 사람들 사이에 오르내리고 있어요.

하나는 UFO도 외계인도 없는데, 관련 내용을 퍼뜨려서 사람들로 하여금 공포심을 갖게 한다는 거예요. 이제는 우주 시대가 열렸고, 나쁜 외계인이 있을 수도 있으니 '우주 전쟁'을 대비해 최첨단 무기를 개발해야 한다는 주장이지요. 그러나 이건 '신무기 개발'을 하기 위한 그럴 듯한 핑계라는 반론을 펴는 사람도 있어요.

다른 하나는 UFO와 외계인의 존재를 숨기기 위해서 그걸 목격한 사람들을 '이상한 사람'이나 '미친 사람'으로 여기게 만들었다는 거예요. 사실은 예전부터 UFO나 외계인은 늘 지구에 찾아왔는데, 그것을 숨기기 위해 거짓말을 늘어놓는다는 거지요. 그 이유는 외계인이 지구의 몇몇 사람들에게만 '신기술'을 알려 주는데, 신기술로 이득을 얻는 사람들이 다른 사람에게 공개하기를 싫어하기 때문이라는 주장이에요.

정말 그럴까요?

13. 비밀 기지에 관한 미스터리

UFO의 지하 궁전

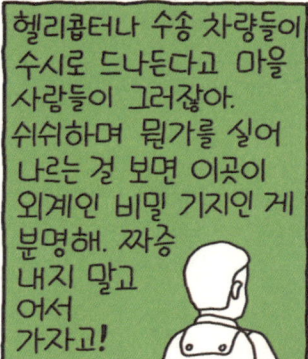

비밀로 꽁꽁 싸인 미국의 51구역!

미국 네바다 주의 사막 한가운데 위치한 그룸 호수 근처에는 51구역(Area 51)이라고 표시되어 있는 곳이 있어요. 이 지역은 미국 정부가 발행하는 지도에서조차 단순하게 'Area 51(51구역)'이라고만 표기되어 있어요. 그런데 이 지도에도 주변의 건물이나 도로 등 어느 것 하나 정확하게 표시돼 있지 않아요. 군사기지로 알려져 있는 51구역은 쉽게 접근할 수 없는 금지 지역으로 알려져 있지요. 이곳은 "넬리스 공군 폭격 및 사격 연습장"이라고 불리며, 연방법에 의해 보호를 받고 있으며, 규모도 어마어마하게 넓지요.

51구역은 추락한 UFO와 외계인 시신이 보관되고 있다는 음모론이 퍼지면서 주목을 받은 곳이에요. 또 다른 주장으로는 첨단 전투기나 미사일 등 비밀 병기를 개발하는 곳이라는 설도 있는 곳이지요. 최근에는 이 지역의 관련 사진이 공개되면서 사람들의 궁금증을 더욱 크게 불러일으키기도 했지만 아직까지도 어떤 곳인지에 대한 정보가 정확하게 밝혀지지 않은 비밀의 장소임에는 틀림이 없답니다.

공중에서 내려다본 51구역

초등학생이 가장 궁금해하는 외계인과 UFO 상식 13

51구역이란 도대체 어떤 곳일까요?

여전히 비밀에 싸여 있는 51구역에 대해 사람들은 여러 가지 추측을 내세우고 있어요. 그런 추측 가운데 하나로는 이곳에서 U-2기, SR-71 정찰기, 스텔스 폭격기가 개발되었다는 것이에요. 즉, 비밀 무기 개발 장소라는 것이지요.

그런데 무엇보다도 가장 관심을 끄는 추측설은 51구역이 바로 외계인과 관련이 있다는 것이에요. 이곳에 UFO와 외계인 시신이 보관되어 있으며, 오래 전부터 외계인에 관한 연구가 진행되고 있다는 것이지요. 미국 정부가 첨단기술을 이전 받는 조건으로 외계인에게 인간을 대상으로 하는 실험을 허용한 장소라는 주장도 있어요. 이런 의혹 때문에 51구역이 공상과학 영화나 드라마의 소재가 되곤 했지요. 미국 정부와 일부 전직 종사자들은 외계인설을 거짓이라고 말하고 있지만, 사람들은 여전히 이곳의 실체를 궁금해해요. 비밀로 꽁꽁 싸여 있기 때문이지요.

51구역 전경

무서운 51구역 경비원

존재를 숨길 수 없을 만큼 광대하고, 그 존재가 세계적으로 유명하게 되어 버렸음에도 불구하고, 미국 정부 및 미군은 51구역의 존재를 공식적으로 인정하지도, 부정하지도 않아요. 51구역 주변에서 가장 많이 볼 수 있는 것은 '무단 침입 시 발포함', '촬영 금지' 등의 경고 간판이에요. 실제로 그 근처를 배회하거나 촬영을 하고 있으면, 즉시 경비원이 통제하지요. 자국 국민들에게 조차 경비가 삼엄하고 엄격한 51구역. 과연 이곳에선 누가 무엇을 하고 있을까요? UFO 헌터들의 주장처럼 51구역은 정말 '외계인의 비밀기지'일까요?

51구역에 세워진 경고판

 호주의 51구역

미국의 비밀 기지 51구역처럼 호주에도 비밀 기지가 있어요. 호주판 51구역으로 알려진 'Pine Gap'이에요. 그렇다면 'Pine Gap'은 무엇을 하는 곳일까요? 호주의 'Pine Gap'에서는 1980년대 이후 많은 UFO가 목격되기 시작했어요. 주변 농장에선 가축들이 예리한 무언가에 잘려 토막이 나가나 죽은 채로 발견되었다고 해요. 그런데 'Pine Gap' 기지에서는 이런 가축들의 값을 몇 배로 쳐서 물어주었지요. 이런 일들은 사람들의 궁금증을 더욱 크게 불러일으켰는데, 'Pine Gap'을 운영하고 있는 군인들은 누구이며, 그들은 어떻게 호주 정부의 허락을 받고 그 땅을 사용할 수 있었던 것일까요? 어떤 사람들은 Pine Gap이 미국의 51구역을 이전한 곳이라는 주장을 펴기도 해요. 정말 그런 걸까요?

파인갭

85

14. 세계의 UFO 관련 비밀문서

X파일 있다, 없다?

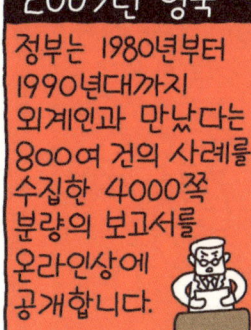

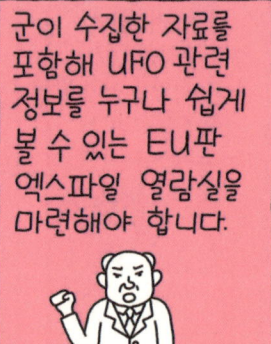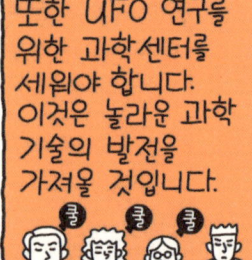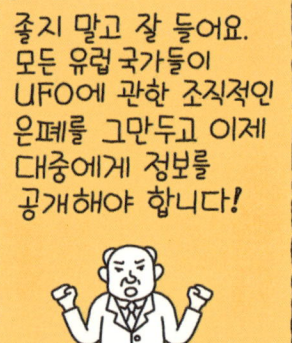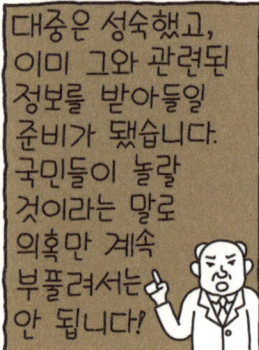

X파일이란 무엇일까?

외계인 관련 서류나 일반에 공개해서는 안 될 자료들을 보통 X파일이라고 해요. 그렇다면 X파일이란 정확히 어디에서 쓰이고, 어떤 뜻을 갖고 있는 걸까요? X파일은 FBI의 일반적인 수사로는 더 이상 밝히기가 어렵거나 수사가 불가능하다는 사건들만 모아 분류 기호 X를 붙여 폐쇄시켜 버린 FBI의 비밀 수사 기록을 말해요. 이 말을 이용해 통상적으로 비밀 문서들을 X파일이라고 하지요.

그런데 이런 문서에 하필이면 왜 X라는 알파벳 철자를 사용하는 걸까요? 사실 알파벳 X는 여러 모로 많이 쓰이는 철자예요. 예를 들어 독일 물리학자 빌헬름 뢴트겐이 처음 눈에 보이지 않는 복사선을 발견했을 때 그것에 X라는 철자를 사용했지요. 바로 병원에서 우리 몸의 내부를 비춰볼 때 사용하는 X선이지요. 이렇게 정체를 알 수 없는 무엇인가에 이름을 붙일 때 X라는 철자를 이용해 왔어요. 또한 수학에서도 미지수를 이야기할 때 X로 놓고 풀지요?

그래서 미국의 FBI에서도 과학적으로 이해하기 불가능한 초자연적인 현상들 때문에 생기는 사건들을 풀 수 없다는 의미에서 X라는 이름을 붙여 놓았다고 해요.

초등학생이 가장 궁금해하는 외계인과 UFO 상식 14

하나둘씩 공개되는 UFO 관련 X파일

세계 각국 정부에서 UFO 파일을 공개하는 나라가 하나둘씩 늘어나고 있어요. 어떤 나라들이 어떤 X파일을 어떻게 공개하고 있을까요?

UFO 관련 X파일 공개한 영국

2010년, 전 세계는 영국에서 나온 뉴스로 술렁였어요. 영국의 전 수상인 윈스턴 처칠이 UFO 관련 내용을 숨기라고 지시했다는 내용이 담긴 문서가 공개됐기 때문이지요. 문서에는 처칠이 이 같은 지시를 내린 이유는 사회 혼란이 일어날까 봐 이를 피하기 위해서였다는 주장이 실려 있었지요. 영국 국방부에서 공개된 5천 장 분량의 UFO 기밀 문서에서는 임무를 마치고 돌아오던 공군 조종사가 UFO와 만났고, 사진까지 찍었다는 내용이 들어 있어요. 또 지난 1995년에는 맨체스터에서 축구장 20배만 한 UFO가 목격됐다는 기록도 실려 있다고 해요. 그런데 왜 이 같은 일을 숨긴 걸까요? 정말 사회 혼란을 막기 위해서였을까요?

영국 정부의 X파일 공개 기사

UFO 공식 문서 남기기로 한 브라질

브라질은 UFO를 목격하거나 출몰 소식을 접하면 문서로 작성해 자료를 남기기로 했어요. 지금까지 브라질 정부는 국가 공식 문서에 UFO에 대한 기록을 남기지 않아서, UFO가 자주 나타나는 나라 중 하나이면서 정작 공식적으로 남아 있는 관련 정보는 없다고 해요. 미나스 제라이스 주의 UFO 추락 사건이나 군인들에게 생포된 외계인들이 과학 연구실로 이송됐다는 등 UFO 루머와 목격담이 많은 나라 브라질, 앞으로 어떤 공식 기록들이 국가 문서에 기록될까요?

1만 8천 건의 UFO 자료를 인터넷에 공개한 스웨덴

2009년 5월 8일, 스웨덴의 온라인 신문 〈익스프레슨〉은 정부가 1만 8천 건의 UFO 자료를 인터넷에 공개할 예정이라고 보도했어요. 공개될 자료들은 마이크로필름 상태로 보관되어 있다고 해요. 미국 내 UFO매거진과 MUFON은 이 사실을 크게 보도했어요.

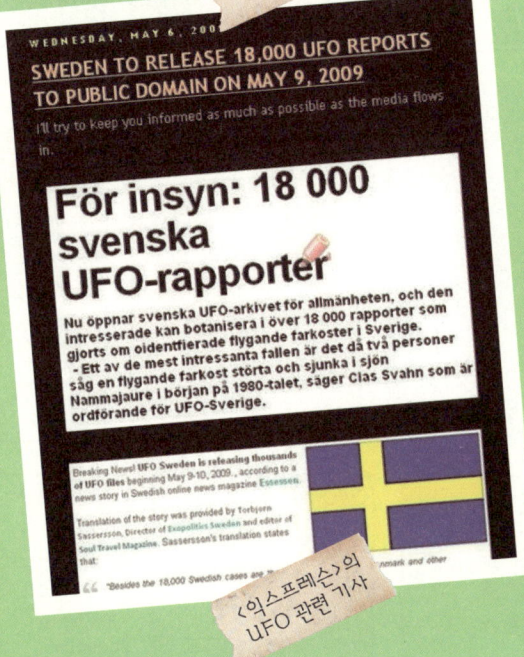

〈익스프레슨〉의 UFO 관련 기사

15. 외계인과 사람의 우정

이카루스 별의 말괄량이 공주

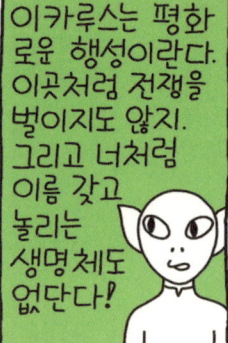

외계인은 어떤 능력을 갖고 있을까?

외계인이 실제로 존재하는지에 대해서는 아직 정확하게 밝혀지지 않았어요. 하지만 많은 사람들이 외계인을 만났다고 주장해요. 그 사람들이 만난 존재가 과연 진짜 외계인인지 알 수 없지만 이들이 만났다고 하는 외계인들은 어떤 능력을 갖고 있을까요? 외계인을 만났다고 주장하는 사람들이 말하는 외계인들의 특징을 알아볼까요?

외계인은 텔레파시를 써서 사람들과 의사를 주고받는다고 해요. 또 사람들의 생각과 기억을 조종할 수도 있다고 하지요. 자신들이 원하는 대로 사람들의 기억을 지울 수도 있고, 새로운 기억을 만들어 넣을 수도 있고요. 사람들을 납치해 생체 실험을 하는 고통을 주면서도 그것이 고통스럽지 않게 느끼도록 할 수도 있고, 자신들을 무서워하는 사람들에게는 친근감을 느끼도록 조종할 수도 있다고 해요. 이처럼 외계인들은 사람들의 신경계를 조종해 자신들이 원하는 영상과 느낌, 기억을 남길 수 있다고 해요.

이 말이 사실이라면 외계인은 정말 대단한 능력을 가지고 있는 존재이지요?

초등학생이 가장 궁금해하는 외계인과 UFO 상식 15

외계인은 자유자재로 초능력을 쓴대요

외계인들의 과학 기술은 현재 인간의 과학 수준으로는 절대 따라갈 수가 없대요. 그들은 인간이 만든 어떤 제트기보다도 빠른 우주선을 가지고 있어요. 또한 중력을 자유자재로 조종해 사람들을 공중에 띄운 채 이동시킬 수 있고, 심지어 유리나 건물의 벽 그리고 돌담 등 고체도 모두 그냥 통과할 수 있대요. 외계인들은 원하면 언제라도 전기 기구나 자동차, 시동 장치를 일시적으로 못쓰게 할 수도 있고, 사람들이 못 보도록 자신과 UFO를 투명하게 바꿀 수도 있대요. 정말 우리가 상상도 못 하는 놀라운 능력을 지니고 있나 봐요.

외계인은 이런 것을 못한대요

우리의 상상과는 달리 외계인들도 할 수 없는 일들이 꽤 많다고 해요. 목격한 사람들의 말에 의하면 말이지요.

우선 육체적인 힘이 인간들보다 훨씬 약하다고 해요. 납치된 사람들이 마취에서 깨어나면 그 힘을 당해내지 못할까 봐 두려워 뒤로 물러선대요. 그 뒤 다시 마취를 해서 사람들이 움직이지 못하면 안심한대요. 운동신경이 사람들처럼 발달하지 않아서 물건을 던질 줄도 모르고, 공놀이도 잘 하지 못한대요. 후각이 민감해서 외부의 강한 냄새나 가스에는 예민하게 반응한대요. 특히

사람들이 즐겨 쓰는 향수 냄새를 유난히 싫어한대요. 지능은 고도로 발달했지만, 육체적으로는 무척 허약한 모양이에요.

옛 UFO는 천둥 번개에 약했대요

중력의 영향을 받지 않고 무중력 비행이 가능한 UFO도 약점이 있었다고 해요. 그건 바로 전기 폭풍이었지요. 옛날 UFO는 번개에 견디도록 설계되지 않았나 봐요. 1947년 미국 로스웰에 추락한 UFO가 그렇다고 해요. 당시 기상 자료에 따르면, 천둥 번개를 동반한 전기 폭풍이 심했는데, 이것이 추락의 직접적인 원인으로 추정된다고 해요. 그러나 최근 나사의 우주 왕복선이 촬영한 비디오 자료를 보면 요즘 UFO들은 천둥 번개 속을 유유히 지나다닌대요. 우리들의 과학 기술이 점점 발전하듯, 외계인의 기술도 더 좋아진 게 아닐까요?

수성에 외계인 생명체가 살 수 있을까?

수성은 태양계 안에 있는 행성 가운데 태양과 가장 가까운 거리에 있어요. 지구와의 거리는 7천700만 킬로미터에 달하고, 지름은 지구의 3분의 1 정도 되지요. 그런데 수성은 자전 속도가 매우 느려서 이곳의 하루는 지구의 58일과 같아요. 지구가 58번 자전을 하는 동안 수성은 한 번밖에 하지 않거든요. 그래서 낮과 밤이 무척 길지요. 이런 조건은 수성을 아주 혹독하게 만들었어요. 즉, 밤이 길어 햇빛을 받지 못하는 면은 영하 180도까지 내려가는데, 지구의 최저 온도보다 무려 3배나 낮지요. 그런가 하면, 태양을 마주보고 있는 면의 온도는 450도까지 치솟아요. 이렇게 낮의 온도가 너무 높다 보니 수성의 대기는 오래 전에 대부분 증발했고, 남아 있는 산소의 양도 매우 적어요. 그래서 인간이 숨을 쉬기엔 턱없이 부족한 것은 물론, 어떤 생명체도 살기는 어려워요.

초등학생이 가장 궁금해하는 외계인과 UFO 상식 16

우주에 과연 제2의 지구가 있을까?

우리가 알고 있는 태양계도 어마어마하지만, 그 태양계를 품고 있는 우주에는 우리가 상상도 할 수 없을 정도로 크고 무한한 미지의 세계가 있어요. 태양은 우리 은하계를 구성하는 2,000억 개의 항성 중 단 하나에 불과하지요. 그렇다면 우리가 알지 못하는 많은 항성들이 있고, 이 항성들도 태양처럼 여러 행성을 거느리고 있을 거예요.

태양은 생명체가 살기에 알맞은 환경을 가진 지구를 비롯해 뜨거운 열기의 금성, 화산으로 가득한 이오, 그리고 시속 2천2백 킬로미터의 강풍이 부는 해왕성까지 다양한 행성을 가지고 있어요. 그런데 우주에는 이렇게 다양한 환경을 가진 행성을 거느리고 있는 태양과 같은 항성이 아주아주 많아요. 우주 전체로 살펴보았을 때 어쩌면 생명체가 살기에 지구보다 더 좋은 환경을 가진 행성이 있을지도 몰라요.

지구의 과학자들은 우주에 생명체가 살고 있는 지구와 같은 행성이 있는지를 알아보기 위해 끊임없이 연구하고 있답니다.

지구

박지성처럼 축구 잘하는 외계인이 있을까?

　미국의 UFO 연구가 버드 홉킨스는 지난 30년 동안 외계인에게 납치됐다고 주장하는 사람들을 만나 외계인에 대한 여러 가지 증언을 들었대요. 증언들을 정리한 결과 외계인은 힘과 운동 신경이 약하다는 결론을 내렸다고 해요. 외계인은 손으로 물건을 들거나, 인간들처럼 다양한 동작을 할 수 없대요. 특히 공놀이는 전혀 할 수 없다고 해요. 그렇지만 드넓은 우주에 인간처럼 힘과 운동 신경이 발달한 외계인이 과연 단 한 명도 없을까요? 또 힘이 약한 약점을 보완해 새로운 기술을 쓰는 외계인도 있지 않을까요?

박지성 선수

17. UFO로 착각하기 쉬운 현상들

작은아버지는
우주과학자

이 천체망원경은 1년이 넘게 부모님을 조르고 졸라 어린이날 선물로 받은 거야. 나는 어릴 때부터 하늘의 별에 관심이 많았어. 까만 밤하늘에 반짝이는 별들이 보석처럼 아름답게 느껴져서 하나씩 따다가 방 천장에 붙이고 싶었어.

UFO로 착각하는 물체와 현상

UFO를 직접 목격하기를 바라는 사람들이 많이 있어요. 그러다 보니 하늘에 보이는 여러 가지 현상이나 물체를 UFO라고 착각하는 경우가 많아요. 하늘에는 수없이 많은 비행기나 인공위성이 떠 있는데, 이것들을 순간적으로 UFO라고 착각하는 일도 많이 있지요. 새벽녘이나 해가 진 직후 뜨는 금성은 매우 밝게 빛나기 때문에, 커다란 곡선을 그리며 나는 유성은 빛을 내뿜기 때문에 UFO와 비슷하게 보여요. 기구나 풍선이 하늘 높이 올라가며 햇빛에 반짝이거나, 날아가는 새 떼가 햇빛에 반짝일 때도 UFO처럼 보인다고 해요. 또 반딧불이 같은 야광 곤충 떼가 빛을 내거나 둥글게 뭉친 구름이 바람에 휩쓸려 빠르게 지나가면 UFO처럼 보이기도 한대요. 한편 우주에서 전기를 띤 작은 알갱이들이 지구의 극지방으로 날아와 공기 속의 산소 분자와 부딪혀 전류가 흐르면서 반짝이기도 하는데, 이때도 UFO가 날아가는 것처럼 착각할 수 있다고 해요.

새벽 하늘에 뜬 금성

초등학생이 가장 궁금해하는 외계인과 UFO 상식 17

UFO로 착각한 것들은 정말로 뭘까요?

UFO를 몹시도 목격하고 싶어하는 사람들은 때때로 비슷하기만 해도 UFO를 보았다고 착각하지요. 그럼 사람들은 언제 그렇게 착각했는지 실제 사례들을 한번 알아보아요.

UFO로 착각한 구상 번개

2010년 7월에 그리스 아테네에서 이상한 모양의 번개가 사진에 찍힌 적이 있어요. 이 사진 속의 번개를 UFO로 잘못 생각한 일이 있었어요. 이 사진은 NASA 홈페이지에 올라와서 더욱 화제가 되었지요. 1871년, 영국 레이먼햄의 한 마을에서 뇌우와 번개가 치던 날 구형의 번개들이 우박처럼 떨어졌던 일이 있고, 1845년 프랑스 살라나크 지방에서도 비슷한 일이 있었지요. 오늘날에도 많은 사람들은 둥근 형태의 구상번개를 UFO로 착각해요. 특히 구상번개는 일부 지방에만 나타나고 다른 지역에선 찾아보기 힘들어서 더욱 착각하기 쉽지요.

아테네 번개 사진

거짓으로 꾸며낸 UFO 자료들

전 세계 곳곳에서 하루가 멀다 하고 올라오는 UFO 사진들 중 대부분은 거짓이거나 상업적인 이유 혹은 관심을 끌기 위한 조작으로 밝혀지고 있어요. 이런 거짓 자료들 때문에 다른 믿을 만한 UFO 자료들도 사람들은 거짓으로 생각하기 쉽다고 해요. '한국UFO연구협회' 소속 서종환 부장은 UFO 사진을 찍는 건 매우 어렵고, UFO 사진의 진위 여부를 분석하는 것 역시 매우 어려운 작업이라고 말했어요. 당시 상황, 목격자의 위치, 주변 환경, 태양의 위치와 방향, 사용된 카메라와 필름의 종류 등 다양한 조사를 거쳐야 정확한 결과를 알 수 있다고 하지요.

거짓 UFO로 밝혀진 물체

18. 외계인은 친구일까, 적일까? #1

제페토 할아버지의 우주여행

제페토 할아버지 말이 사실일까?

제페토 할아버지의 우주여행 이야기는 정말 놀랍고 신비로워요. 사람들의 증언에 따르면, 제페토 할아버지가 여행을 떠난 것은 1955년이고, 술집에 다시 나타난 때는 1960년이라고 해요. 그런데 당시 사람들이 알고 있는 천문학적 지식은 토성에만 띠가 있다는 것이었어요. 그러니까 그 당시 제페토 할아버지가 말한 내용은 그때까지는 과학적으로 밝혀지지 않은 것이었지요. 한참 후에 목성, 천왕성, 해왕성도 띠가 있다는 것이 과학적으로 밝혀졌거든요. 평범한 시골 농부 제페토 할아버지는 나중에야 밝혀진 태양계 여러 행성의 고리를 그 당시 어떻게 알 수 있었을까요? 그렇다면 정말 제페토 할아버지는 외계인과 우주여행을 떠났던 걸까요?

토성

초등학생이 가장 궁금해하는 외계인과 UFO 상식 18

외계인은 정말 존재하는 것일까?

외계인의 존재를 간접적으로 말해 주는 사실들이 여러 곳에서 나타나고 있어요. 제페토 할아버지의 말처럼 말이에요. 제페토 할아버지의 우주여행 외에 또 어떤 사실이 외계인의 존재를 알려주고 있을까요?

우주여행을 떠난 사남매

외계인과 우주여행을 떠났다 돌아왔다는 사남매도 있어요. 이들은 5년 동안 떠나 있던 제페토 씨와는 달리 단 3일 만에 돌아왔지만요. 아르헨티나 부에노스아이레스에 사는 마리아 몰레로 씨는 어린 시절 겪었던 경험을 얘기했어요. 몰레로 씨에 따르면 1992년, 동생들 3명과 함께 들판에서 놀다가 외계인에게 납치되어 UFO에 탑승했다고 해요. 이들은 UFO에서 생체 실험을 당하고, 3일간 은하계를 두루 구경한 뒤 집에 모두 무사히 돌아왔다고 해요. 당시 비행접시는 금빛 광채를 내뿜었고, 라이아르라는 이름의 친절한 외계인이 우주여행을 시켜주었대요. 몰레로 씨 일행이 UFO로 납치되는 순간을 주민들이 목격했기 때문에 3일 뒤 무사히 UFO를 타고 납치됐던 장소로 돌아오자 마을에서는 큰 소동이 벌어졌다고 하지요.

인간의 불치병을 치료해 준 외계인 의사

　외계인이 불치병을 고쳤다는 이야기도 있어요. 1966년, 영국의 테리 월터스 씨는 허리를 심하게 다쳐 병원에 갔는데, 척추에 큰 손상을 입어 평생 불구로 살아야 될지도 모른다는 진단을 받았어요. 그날 밤, 한 신사가 찾아와 월터스 씨에게 따라오라고 해서 어디론가 같이 갔다가 돌아왔다고 해요. 그런데 다음 날 아침, 일어나 보니 월터스 씨는 허리가 씻은 듯이 나았다고 해요. 이를 이상히 여겨 병원에 갔던 월터스 씨는 척추에 수술 자국이 있는 것을 보고 놀랐지요. 의료진도 깜짝 놀랐어요. 사람이 한 수술 자국과 다른 데다 월터스 씨의 혈액 농도가 우주에 10시간 이상 있었던 사람처럼 변해 있었으니까요. 그 뒤 외계인 의사가 사람들의 병을 고쳐 주었다는 이야기를 다른 사람들로부터도 여러 차례 전해 들었어요. 정말 그 신사는 외계인이었을까요?

> 의사들이 평생 불구로 살 거라고 그랬는데
> 하룻밤 사이에 감쪽같이 나았어.

19. 외계인은 친구일까, 적일까? #2

외계인은 납치범?

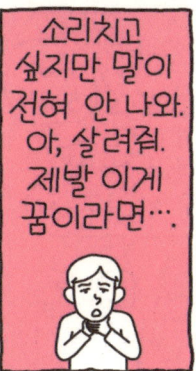

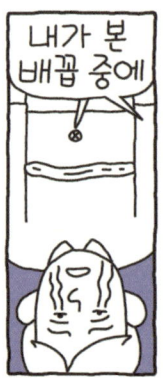

외계인에게 납치된 사람들

세계 여러 나라의 수많은 사람들이 외계인에게 납치된 적이 있다는 증언을 하고 있어요. 어느 날, UFO나 외계인이 나타나 자신들을 데려갔고, 실험대에 손발이 묶인 채 깨어났다는 것이에요. 몸은 마취된 듯 마비되어 손발 하나 까딱할 수 없고, 눈동자만 움직일 수 있었다고 해요. 팀장으로 보이는 키 큰 외계인은 지시를 내리고, 작은 외계인들은 기다란 막대 등을 이용해 사람들의 귀와 코, 배꼽 등을 쑤셨대요. 몸에 통증을 느끼지는 않았지만, 외계인으로 여겨지는 정체 모를 생명체에게 당하는 일이다 보니 정신적 충격은 매우 컸다고 해요. 외계인들은 대체로 얼굴의 반 정도 되는 커다란 아몬드 형의 눈을 가졌고, 색깔은 회색이나 초록색이었어요. UFO 안의 외계인들은 의사나 과학자처럼 가운을 입고 있었고, 텔레파시로 서로 말을 주고받았다고 해요. 실험이 모두 끝나면 사람들을 집으로 돌려보내 주었지요.

초등학생이 가장 궁금해하는 외계인과 UFO 상식 19

잃어버린 시간

납치되었던 사람들 중에는 자신이 겪었던 일을 정확하게 기억하는 사람도 있지만, 최면을 통해 당시 상황을 알려주는 사람도 있어요. 또 많은 사람들이 공통적으로 하는 얘기가 있어요. 바로 외계인들이 인간을 납치한 뒤에는 인간의 기억을 지우려고 노력한다는 거예요. 따라서 무슨 일을 겪었는지 정확히 기억하진 못하지만, UFO나 외계인을 만난 뒤 정신을 잃었다가 깨어나 보면 몇 시간이 후딱 지난 경우도 많았지요. 또 이들 중에는 신체적 이상을 호소하는 사람들도 있어요. 그렇다면 외계인은 정말 납치범이고, 사람들을 대상으로 실험을 하고 있는 걸까요?

몸에서 발견된 추적 장치

사실 외계인에 의해 납치되었고, 실험을 당했다는 증언은 여러 사람의 입을 통해 수십 년 동안 끊이지 않았어요. 그러나 많은 사람들은 이들의 말에 귀 기울이거나 믿어 주지 않았지요. 그런데 1992년 영국의 유명한 내과의사인 해롤드 브로만 씨가 한 환자의 몸에서 찾아낸 금속 물체를 공개하면서 차츰 사람들이 '가능성 있는' 일이라고 생각하게 되었어요. 외계인에게 납치된 적이 있다고 주장하는 이 환자의 몸에서 금속 물질을 제거하였는데, 놀랍게도 이전의 수술 흔적은 전혀 발견되지 않았다고 해요.

몸에 심어진 소형 반도체

1993년, 미국의 농부인 케니스 존스 씨의 이야기도 비슷해요. 외계인에게 납치되어 괴이한 수술을 받은 것이 기억났지만, 존스 씨는 악몽을 꾼 것이라고 생각했어

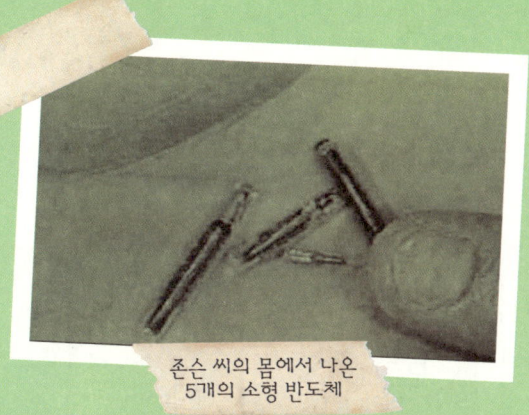

존슨 씨의 몸에서 나온 5개의 소형 반도체

요. 그런데 일을 하려고 연장을 들던 손에서 통증이 느껴졌고, 악몽에서 수술 받은 곳과 같은 자리라는 걸 깨닫게 된 거예요. 즉시 의사를 찾아간 존스 씨는 수술을 통해 몸에 심어져 있던 5개의 소형 반도체를 꺼냈어요. 이것은 FBI 의학수사팀에게 전달됐지만, 무엇인지 밝혀낼 수 없었다고 해요. 이 같은 증거물들이 나오면서 UFO나 외계인들이 실제로 있고, 그 외계인들이 사람을 납치하는 것이 사실일지도 모른다는 생각이 서서히 고개를 들고 있어요.

왜 납치하는 걸까?

그렇다면 외계인들은 왜 사람들을 납치해 실험을 하는 걸까요? 그 뒤에는 왜 사람들의 기억을 지우려고 노력하는 것일까요? 영국의 UFO 연구가 티모시 굿은 지구를 정복하려는 음모라고 주장했어요. 우주의 행성 중에는 지구를 감시하는 외계 생명체의 비밀 기지가 있고, 그들이 인간을 납치해 나중에 지구를 정복하는 데 필요한 정보를 얻는다는 것이지요. 인간과 외계인 사이의 혼혈 종을 만들어 다가올 우주 전쟁의 군인으로 만들기 위한 것이라는 주장도 있어요. 이와는 달리 나중에 자신들만 사는 별나라로 데려간다는 이야기도 떠돌아요. 진실이 무엇인지는 아무도 모르지만 정말 외계인이 있어서 인간을 납치하고 실험한다면 결코 즐거운 일은 아니겠지요?

티모시 굿

20. 우주 전쟁 가상 시나리오

UFO가 쳐들어온다!

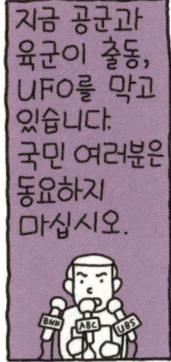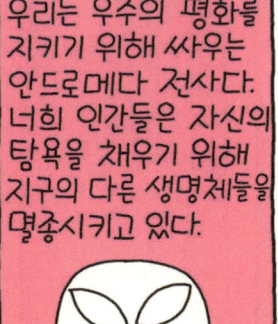

허버트 조지 웰스가 쓴 〈우주 전쟁〉

앞의 이야기를 담은 소설이 이미 100년도 더 전에 세상에 발표되었어요. 바로 과학 소설의 아버지로 불리는 영국의 허버트 조지 웰스가 1898년에 쓴 《우주 전쟁》이라는 공상 과학 소설이에요.

20세기 초 어느 날, 영국의 한 작은 마을에 화성에서 날아온 우주선이 착륙해요. 둥근 통 모양의 우주선에는 거대한 눈과 촉수를 가진 화성인이 숨어 있었고, 화성인은 마을 사람들을 무자비하게 공격하지요. 화성인은 초록색의 열선과 독가스로 사람들을 향해 마구 쏘아댔어요. 화성인들의 공격에 겨우 살아남은 사람들은 지구가 화성인에게 정복당했다고 깊은 절망에 빠져요. 그러다가 어느 순간, 화성인들이 죽어가기 시작하는 것을 목격해요. 원인은 화성인들이 지구의 박테리아에 감염된 것이었어요.

허버트가 쓴 이 《우주 전쟁》은 지금까지도 많은 SF영화에 영향을 주고 있어요. 2005년에 개봉한 스티븐 스필버그의 〈우주 전쟁〉도 이 소설을 영화화해 큰 화제가 되었지요.

영화 〈우주 전쟁〉

초등학생이 가장 궁금해하는 외계인과 UFO 상식 20

일본 전투기일까, UFO일까?

UFO가 미국 군인들에게 집중 사격을 당했던 사건이 실제로 일어난 적이 있어요. 1942년 2월 25일 밤이었지요. 캘리포니아 주 로스앤젤레스 하늘에 정체를 알 수 없는 비행 물체가 나타났다고 해요. 미국 군인들은 그 당시 적국이었던 일본의 전투기인 줄 알고 괴물체에 탐조등을 비추고 집중적으로 대공포를 발포했지만, 이 비행 물체는 단 한 발도 맞지 않고 홀연히 사라졌지요. 미군의 공격을 비웃기라도 하듯 사라져 버린 비행 물체의 정체는 무엇이었을까요?

비행 물체

'우주 전쟁 시나리오' 정말 있다?

지난 2001년, 미국에서 열린 '디스클로저 프로젝트' 행사에서 캐럴 로신 박사는 '외계와의 전쟁'에 대해 말했어요. 박사는 1970년대 중반 미 항공우주국 로켓 과학자 폰 브라운 박사의 대변인으로 활동하면서 지난 30여 년 동안 미군과 정보국에서 일해 온 인물이에요. 1974년 캐럴 로신 박사는 폰 브라운 박사로부터 장래에 추진될 3단계 비밀 계획인 이념과의 전쟁, 테러와의 전쟁, 외계와의 전쟁에 대한 계획을 들었다고 해요. 그런데 박사가 증언한 때로부터 4개월 뒤 실제로 뉴욕에 테러 참사가 터졌고, 그 뒤 테러와의 전쟁이 일어났어요.

박사는 이후 생겨날 '세계 정부'가 거짓 외계인 침공 공포를 조장할 것이라고 주장했어요. 이는 실제로 외계인들이 침공하는 것이 아니라, 지구의 지배자들이 인류를 공포로 통치하기 위한 것이라는 주장이지요.

과연 이 말이 사실일까요?

9·11 테러

21. 미스터리 서클은 외계인의 메시지?

외계인은 피카소?

미스터리 서클이란 뭘까?

미스터리 서클이나 크롭 서클은 밭이나 논의 곡물을 한 방향으로 눕혀서 일정한 형태를 나타낸 것을 말해요. 원형이나 기하학적 무늬가 많은데, 워낙 커서 하늘에서 보아야 정확한 모습을 알 수 있어요. 미스터리 서클은 영국, 네덜란드, 미국, 호주 등 세계 곳곳에서 발견되는데, 맨 처음 발견된 것은 1946년이에요. 영국 솔즈베리의 페퍼복스 힐에서 발견되었지요. 이 거대한 미스터리 서클이 신기한 점은 몇 시간 혹은 하룻밤 정도의 아주 짧은 시간 안에 만들어진다는 거예요. 또 UFO로 여겨지는 비행 물체가 나타난 뒤 만들어진 것이 많다고 해요. 그래서 이를 '외계인이 인간에게 남기는 메시지'라고 생각하는 사람들도 있지요.

미스터리 서클

초등학생이 가장 궁금해하는 외계인과 UFO 상식 21

미스터리 서클을 만드는 사람들

미스터리 서클은 외계인들이 만든 것이라고 알려져 있어요. 그런데 이를 직접 만드는 사람들도 있어요. 미스터리 서클을 만드는 사람 가운데 영국의 예술가인 존 런드버그가 유명해요. 그를 비롯한 몇몇 서클 제작자들은 "일부 서클 연구가들이 자신들의 작품을 가지고 외계인의 작품이라고 주장하며 입장료를 챙기고 있으며, 외계인 관련 종교 집단에서도 이를 신비화해 종교를 선전하는 데 이용한다."며 비난했지요. 현재 90퍼센트 이상의 미스터리 서클은 사람들이 만든 것으로 알려져 있지만, 약 10퍼센트의 서클은 누가 만든 것인지 모르며, 과학적으로도 설명이 불가능하다고 해요. 그럼 이 서클들은 몇몇 사람들의 주장대로 과연 외계인이 보낸 신비한 메시지일까요?

미스터리 서클

미스터리 서클은 수학왕 외계인이 보낸 메시지일까?

지난 2010년 6월, 영국의 바버리 캐슬 요새 유적지에서 800미터쯤 떨어진 보리밭에 미스터리 서클이 새로 나타났어요. 그런데 이 문양은 "이제까지 영국에서 나타난 미스터리 서클 중 가장 정교하고 치밀한 작품"이라는 찬사를 받고 있어요. 그런가 하면 미국의 천재 물리학자 마이클 리드는 그 문양에 나타난 신비한 무리수를 해독해 큰 화제를 낳았어요. 무리수들의 첫 10개 숫자들이 각 도형에 정확히 표시돼 있다고 해요. 도형을 케이크처럼 10등분하고 중앙에서 시작하여 시계 방향으로 돌면서 끝부분이 걸리는 붉은 블록이 3이고, 초록 블록은 1, 보라 블록은 4……하는 식으로 10개의 수를 표시한 것이라고 해요. "과연 누가 이런 서클을 만든 것인지는 알 수 없지만, 외계인이든 사람이든 상당한 수학 지식을 갖춘 자가 만든 것이 분명하다."고 서클 연구가들은 말하고 있어요.

미스터리 서클

미스터리 서클

22. 역사 속의 UFO #1

꼬마 화가가 그린 외계인

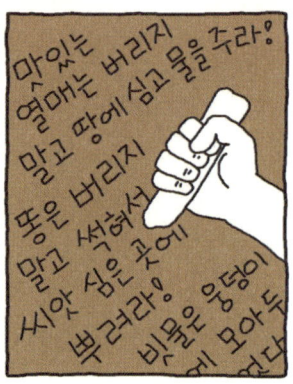

고대 인도의 신이 탄 비행 물체는 UFO일까?

고대 인도의 아쇼카 왕은 '9종류의 괴이하고 미스터리한 인간사'에 관한 책을 썼어요. 티베트의 불교 사원에서 발견된 이 9권의 책에는 아주 오랜 옛날, 인도 신들의 전쟁 이야기와 현재 사용되고 있는 미사일 원리와 인공위성, UFO, 잠수함 등의 성능과 설계 방법이 실려 있어요. 그 중 첫 번째 책의 제목은 《무중력의 비밀》이라고 하지요. 이 책 안에는 고대 인도에서 신비한 비행 물체를 타고 동물머리 신이 나타나서 비행 물체를 주고 갔다는 내용과 함께 비행 물체의 모습과 만들어진 당시의 상황 등이 자세하게 기록되어 있어요. 과연 동물머리 신이 탔던 신비로운 비행 물체는 UFO였을까요?

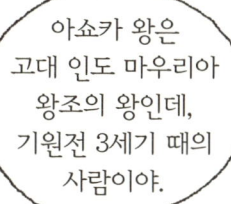

아쇼카 왕은 고대 인도 마우리아 왕조의 왕인데, 기원전 3세기 때의 사람이야.

그렇게 오래전 사람이 어떻게 무중력이나 잠수함, 미사일 원리 등을 알고 있었지? 정말 외계인에게 전해들은 것일까?

초등학생이 가장 궁금해하는 외계인과 UFO 상식 22

옛날 사람들은 UFO를 어떻게 생각했을까?

옛날 사람들이 남겨 놓은 유물이나 기록을 보면, 놀랍게도 UFO로 여겨지는 비행 물체들에 관해서 써 놓은 것들이 매우 많아요. 기원전 4세기, 이집트의 투토모스 3세 때는 '지름 5미터의 불타는 구체'라고 써 놓은 기록이 있어요. 기원전 597년, 구약 성경의 에스겔 서에서는 '수레바퀴'라고 불렀는데, 그것을 직접 본 에스겔은 몹시 놀랐다고 썼어요. 기원전 216년, 로마 제국의 역사가 줄리어스 옵 세스는 '배 같은 비행 물체'라고 말했어요. 하늘을 나는 것은 새 뿐이라고 생각했던 머나먼 옛날, 정말 UFO를 봤다면 얼마나 놀랐을까요?

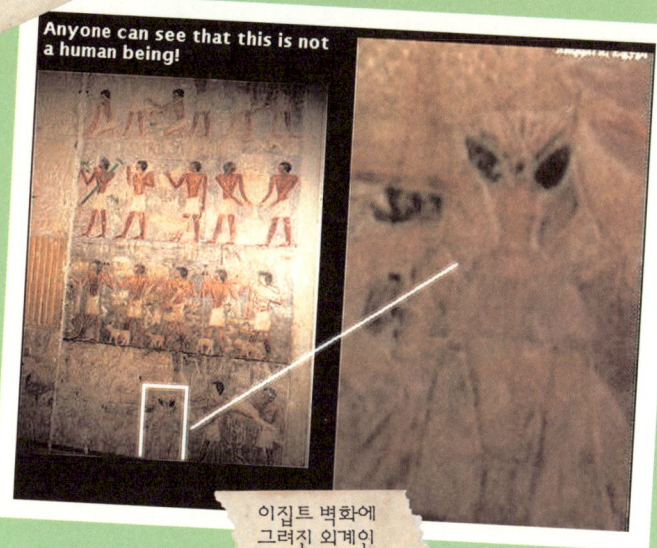

이집트 벽화에 그려진 외계인

이집트 벽화에 그려진 그림을 보면 그림 속의 생명체는 분명히 인간은 아니라는 것을 알 수 있어요.

12,000년 전의 접시에 등장한 외계인

12,000년 전에 만들어진 네팔의 롤라도프 접시에도 외계인의 모습이 그려져 있다고 해요. 접시 모양은 UFO처럼 생겼고, 그 안의 그림은 지금 우리가 흔히 상상하는 외계인과 비슷하지요. 더 신기한 것은 접시 가운데 태양이 그려져 있고, 외계인과 UFO를 휘감은 나선 모양이 그려져 있다는 점이에요. 마치 태양계와 나선 은하를 나타내는 것 같은 이 그림들이 뜻하는 것은 무엇일까요? 이 나선 은하가 뜻하는 건 외계인들이 다른 행성에서 왔다는 것을 말하는 걸까요? 그렇다면 옛날 사람들은 이것을 이미 알고 있었던 걸까요? 게다가 이 같은 나선 형태의 그림은 인도, 이집트, 페루 등 다른 고대 유적지에서도 흔히 발견된다고 해요. 옛 사람들도 UFO와 외계인들을 만났던 걸까요?

롤라도프 접시

접시에 그려진 외계인 그림은 정말 신기해요. 가운데 그려진 태양 그림도 신기하고요.

23. 역사 속의 UFO #2
날아다니는 궁전

비마나를 타고 우주여행을 한 인도의 신들

고대 인도의 여러 기록에는 '비마나'라는 비행 물체에 대한 이야기가 나와요. 비마나를 상상해서 그린 그림을 보면, 마치 '하늘을 나는 궁전'과 같아요. 이것을 타고 전쟁에 참가해 적을 무찌르는가 하면, 여러 별을 자유롭게 여행했다고 전해져요. 비마나 형상을 본떠 만든 조각도 나오는데, 모양을 보면 오늘날 UFO와 비슷해요. 게다가 어떻게 만드는지에 대해서도 자세히 쓰여 있어서 이를 바탕으로 설계도를 그리면 로켓과 비슷하다고 해요. 생각만으로 이동이 가능하고, 순식간에 사라질 수도 있대요. 또 음파 추적 미사일을 발사해 적의 비마나를 무찔렀다는 이야기도 전해지지요. 첨단과학이 발달한 현대 사회에서나 있음직한 이야기인데, 정말 사실일까요?

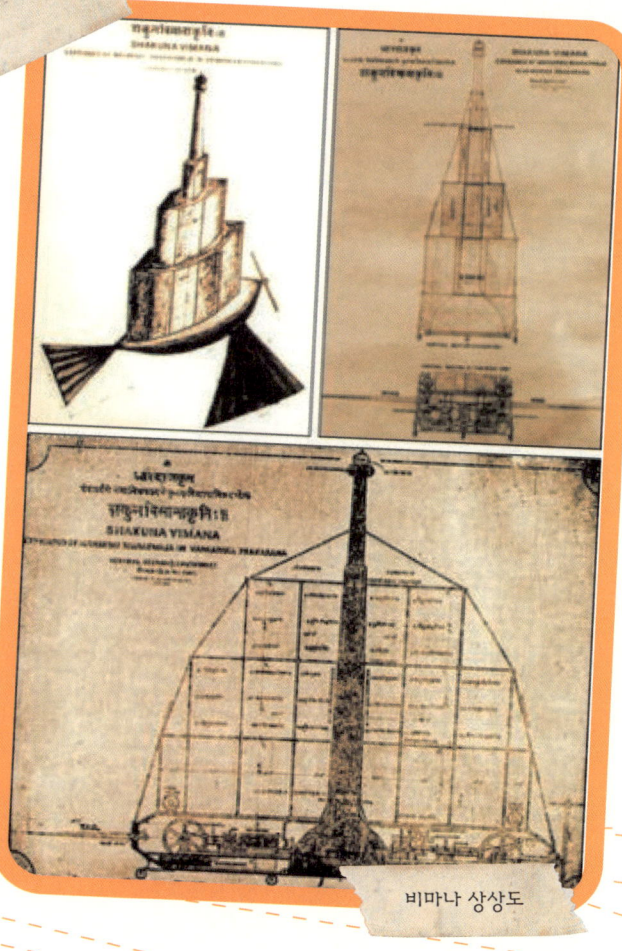

비마나 상상도

초등학생이 가장 궁금해하는 외계인과 UFO 상식 23

조선 시대에도 UFO가 나타났을까요?

조선 시대에도 UFO로 보이는 물체를 보았다는 기록이 남아 있어요. 조선왕조실록 《광해군일기》를 보면, 강원도 지역에서 미확인 비행 물체를 보았다고 하는 강원 감사 이형욱의 얘기가 나와요.

간성군에서 8월 25일 오전 9시 즈음 맑은 하늘에서 햇무리 모양의 물체가 우레 같은 소리를 내며 북쪽에서 남쪽으로 향해 갔는데, 연기처럼 생긴 것이 두 곳에서 조금씩 나왔다. 한참을 움직인 뒤 멈췄으며 우레 소리가 마치 북소리처럼 났다.
(《광해군일기》 1년 9월 25일)

그리고 같은 시간 원주목에서는 붉은 색의 배처럼 생긴 물체가 천둥소리를 내며 지나갔다고 해요. 조선 시대에도 자주 등장해 사람들을 놀라게 한 UFO, 정말 있었을까요?

5천년 전 외계인 그림이 발견된 호주 동굴

영국에서 건너온 호주의 정착민들은 고대 원주민들이 사용했던 동굴들을 탐험하다 신기한 그림들을 발견했어요. 그림 안에는 빨간 옷을 입고, 머리 주위에 환하게 빛이 나는 생명체들의 모습이 그려져 있었어요. 이 그림을 원주민들이 섬기던 신의 모습이라고 생각한 정착민들은 이를 베껴 그려 후세에 남겼지요. 그런데 이 그림 속의 생명체들은 오늘날 우리가 알고 있는 그레이 외계인들의 모습과 상당히 비슷해요. 그레이 외계인은 키나 몸집이 작고, 머리가 크고 회색의 피부를 하고 있으며, 커다랗고 검은 눈에, 작은 콧구멍과 입을 가진 것이 특징이지요. 이런 모습의 외계인이 그려져 있는 이 벽화들은 5천 년이 넘은 것으로 여겨지는데, 도대체 어떻게 된 일일까요? 그때 외계인이 있었던 걸까요, 아니면 고대인들의 상상력이 아주 풍부했던 걸까요?

호주의 동굴 벽화

이런 여러 가지 증거를 살펴보면 정말 외계인이 옛날부터 있던 걸까요?

24. 역사 속의 UFO #3

에스겔의 기도

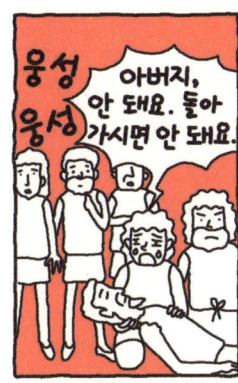

에스겔 서의 내용은 무엇일까?

구약 성서의 〈에스겔 서〉를 보면, 1장에 다음과 같은 이야기가 나와요.

내가 보니 북방에서부터 폭풍과 큰 구름이 오는데, 그 속에서 불이 번쩍번쩍하여 빛이 사방에 비치며 그 불 가운데 단쇠 같은 것이 보이고(1장 4절), 그 속에서 네 생물의 형상이 나타나는데 그 모양이 사람의 형상이라(1장 5절). 각각 네 얼굴과 네 날개가 있고(1장 6절), 그 다리는 곧고 그 발바닥은 송아지 발바닥 같고(1장 7절), 구리 같이 빛나며 그 사면 날개 밑에는 각각 사람의 손이 있더라. 그 네 생물의 얼굴과 날개가 이러하니(1장 8절),

이 구절은 성경 속에서 UFO를 묘사한 대표적인 구절로 자주 소개돼요. UFO를 믿는 사람들은 여기의 단쇠(높은 열에 달아서 뜨거워진 쇠)와 그 속에 타고 있는 생물체가 UFO와 외계인을 묘사한 것이라고 주장하지요. 과연 그럴까요?

초등학생이 가장 궁금해하는 외계인과 UFO 상식 24

에스겔이 본 것은 무엇이었을까?

에스겔은 구약 성서의 〈에스겔 서〉를 지었다고 전해지는 사람이에요. 유다 왕국 말기부터 바벨론 포로기 초반(BC593년~BC571년)에 활동한 제사장이지요. 기독교를 믿는 사람들은 〈에스겔 서〉 1장에 나오는 이야기가 에스겔이 하느님을 만나 예언을 들은 상황을 묘사한 것이라고 주장해요. 그러나 어떤 사람들은 단쇠 같은 모습의 바퀴 달린 물건은 UFO이고, 사람의 형상은 하느님이 아니라 외계인이라고 주장하지요. 에스겔이 본 것은 네 바퀴가 달린 착륙용 우주선이라는 거예요. 과연 에스겔이 본 것은 무엇이었을까요? 신이었을까요, 첨단 과학 기술을 지닌 외계인이었을까요?

이 밖에도 성경에는 마치 UFO를 상상하게 하는 장면들이 많이 묘사되어 있다고 해요.

에스겔 서 상상도

성경 속에 보이는 UFO

〈사도행전〉에는 '하늘이 열리며 그릇이 내려오는 것을 보니 큰 보자기 같고, 네 귀를 매어 땅에 드리웠더라(사도행전 10장 11절).'라고 쓰인 구절이 나와요.

〈창세기〉에는 '꿈에 보니 사닥다리가 땅 위에 섰는데, 그 꼭대기가 하늘에 닿았고, 또 보니 하느님의 사자가 그 위에서 오르락내리락하고(창세기 28장 12절)'라는 표현도 나오지요.

〈민수기〉에는 '여호와(하느님)께서 구름 기둥 가운데에서 내려와 장막문에 서시고 (민수기 12장 5절)'란 말도 나오지요.

이 내용들은 마치 오늘날 UFO를 본 사람들의 목격담처럼 들리기도 해요. 과연 무엇이었을까요?

25. 외계인과 함께 근무한 사람들

우리 팀장님은 외계인

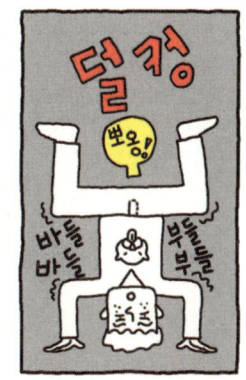

외계인의 비밀 기지는 소문일까?

미국에는 '외계인의 비밀 기지'라는 괴담이 떠돌았던 51구역이 있어요. 이 지역에 대해 수십 년 간 "51구역은 없다."는 게 미국 정부의 해명이었어요. 그러나 2009년 중앙정보국(CIA)의 기밀 해제 조치로 이곳에 근무했던 사람들의 증언이 잇따랐어요.

51구역에서 근무한 사람들의 증언에 따르면 아무도 이곳에서 일하는 사람들이 있다는 걸 몰랐고, 심지어 가족들도 그 같은 사실을 알지 못했다고 해요. 수십 년간 쉬쉬하며 비밀을 지켜온 이곳에서는 그 동안 아폴로 달 착륙 우주선이나 신형 첩보기 같은 최첨단 무기들이 만들어졌다고 주장하기도 해요. 외계인이 있다고 생각하는 것은 이처럼 비밀리에 일이 진행되다 보니 나온 소문에 불과하다는 것이지요.

그러나 일부 UFO 전문가들은 아직도 이 말을 믿지 않아요. 최고 기밀 업무는 고위직 몇 명만이 아는 일이라서 51구역에 근무했던 몇몇의 근무자들이 모두 알 수는 없는 일이라는 것이지요. 과연 진실은 무엇일까요?

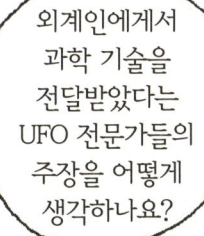

외계인에게서 과학 기술을 전달받았다는 UFO 전문가들의 주장을 어떻게 생각하나요?

만약 정말로 그렇다면 과학 기술을 발전시키기 위해 노력해 온 과학자들의 수고를 무시하는 말 아닌가요?

초등학생이 가장 궁금해하는 외계인과 UFO 상식 25

외계인과 함께 일한 사람들

외계인 비밀 기지란 없다는 증언을 하는 사람들이 있는가 하면, 직접 외계인과 근무했다고 주장하는 사람들도 있어요. 1966년부터 2년 간 미국 네바다 주 넬리스 공군 기지에서 기상 관측 요원으로 근무한 찰스 제임스 홀은 외계인들과 함께 같은 직장에서 근무했다고 밝혔어요. 홀의 말로는 같은 기지 안에 외계인이 살고 있으며, 그 외계인들 중의 일부가 자신이 하는 일을 관찰하고 감시했다고 해요. 과거에 51구역에서 일했다는 물리학자 밥 라자도 비슷한 증언을 했어요. 라자는 그곳에서 외계인들이 기술을 전해주어 만든 UFO 등을 보고, 표면을 만져 본 것은 물론, 키가 130센티미터 가량인 외계인과 마주치기도 했다고 해요. 1985년 51구역을 방문했던 우하우스 박사도 그곳에서 여러 무리의 외계인들이 일하고 있는 장면을 목격했다고 말했어요. 도대체 누구의 말이 진실일까요?

그럼 UFO는 외계인들에게 배운 기술로 지구인들이 만들었다는 말인가요?

외계인 우두머리, 제로드

1953년에 지구에 왔다는 제로드라는 외계인은 지금도 51구역에서 살고 있을까요?

1997년 미국 51구역의 과학자였던 빌 우하우스 박사는 "51구역의 주인은 제로드라는 이름의 외계인"이라고 밝혀 사람들을 놀라게 했어요. DVD 기술과 스텔스기 등 첨단 기술은 외계인에 의해 인간에게 전수된 것이고, 제로드에 의해 승인된 뒤에야 미국과 전 세계의 기업으로 전달될 수 있다는 것이었어요. 따라서 실질적인 주인은 제로드라는 것이죠. 이 말에 덧붙여 전 미국 중앙정보부 국장 로버트 E. 바이슨 씨는 제로드라는 외계인이 1953년 착륙했고, 그에 관한 내용이 블루북 프로젝트에 실려 있다고 말했어요. 지난해 개봉된 할리우드 영화 '스카이라인'의 외계인 제로드는 이를 본떠 만든 것이라고 해요. 과연 사실일까요?

외계인과 인간의 비밀 협약?

미국 51구역을 둘러싼 괴이한 소문들은 끊이지 않아요. 1995년 미국의 극비 프로젝트에 참여했다는 필 슈나이더는 "미국 안에 100여 개의 지하 비밀 군사 기지가 있고, 그곳에는 외계인들과 인간들이 함께 근무하고 있다."고 말했어요. 그런가 하면 1954년, 미국 아이젠하워 대통령이 외계인들과 비밀 협약을 맺었다고 주장했어요. '그러네이다 협정'이라고 불리는 이 협약에서 외계인은 신기술을 제공하고, 미국 정부는 외계인들에게 일부 사람과 동물을 실험 대상으로 제공하는 데 동의했다고 해요. 또 덜스 지하 기지 확장 공사를 벌이던 슈나이더는 정체불명의 외계인들의 공격으로 함께 일하던 동료 대다수가 죽었고, 자신도 외계인의 레이저 무기를 가슴에 맞아 암을 얻었다고 주장했어요. 더욱 놀라운 것은 당시 자신들을 공격했던 외계인은 다른 행성에서 온 외계인이 아니라 지난 백만 년 동안 지구의 지하기지에서 살아온 외계 종족이라는 거예요.

와, 그럼 우리는 아주 오래전부터 지구에서 외계인과 함께 살고 있다는 건가요?

26. 바다에서 만난 UFO

바닷속 술래잡기

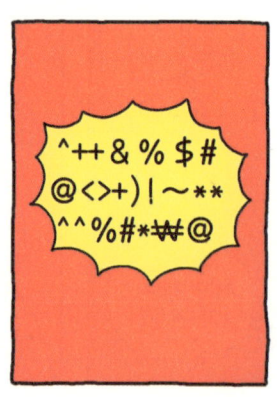

USO는 무엇일까?

USO(Unidentified Submerged Object)는 물에 있는 UFO를 말해요. 바다, 강, 호수에서 발견되는 '미확인 수중 물체'를 공중에서 목격하는 UFO와 구분하여 이렇게 부르지요. 이 말을 처음 쓴 사람은 1950년대 초, 외계인 연구가였던 조지 아담스키라는 사람이에요. USO는 물속과 하늘을 오가며 비행과 잠수가 동시에 가능한 신비로운 물체로 알려졌어요. 마치 공상과학 소설과 영화에서나 볼 수 있는 것 같지요? 그런데 실제로 이런 물체들을 목격한 사례가 많이 보고되고 있어요.

특히 우리나라에서도 USO를 목격했다는 기록이 있어요. 1950년 한국 전쟁 당시, 인천 앞바다에서 미군들이 USO를 보았다는 기록이 남아 있다고 해요.

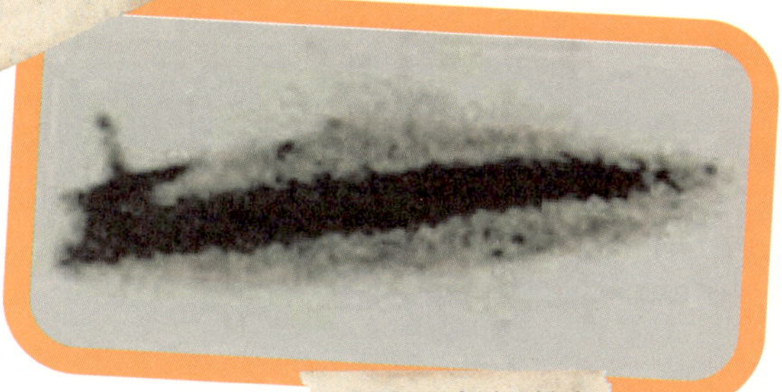

1967년 미국에서 포착된 USO

프랑스에서 목격된 USO

초등학생이 가장 궁금해하는 외계인과 UFO 상식 26

외계인과 잠수병들이 물속에서 싸웠다고?

외계인과 잠수병들이 물속에서 싸웠다는 이야기가 전해지고 있어요. 1982년 여름, 바이칼 호수에서 수심 50미터 부근에서 훈련 중이던 러시아 해군 잠수병들이 은색 옷을 입은 외계인들과 만났다고 해요. 이 외계인들은 잠수 장비를 전혀 착용하지 않고 원형 헬멧만을 쓰고 있었다고 해요. 잠수대원들은 몹시도 놀라서 몸이 그대로 얼어 버렸지요. 반면, 외계인들은 기다렸다는 듯이 잠수대원들을 공격해 그 중 3명이 숨지고, 4명은 몸이 마비되는 사건이 일어났어요. 러시아 해군은 이와 같은 USO가 세계 곳곳에서 출현하고 있다고 밝혔는데, 다른 나라에서도 이들을 목격한 적이 있다고 말했어요. 그러나 그들이 정말 외계인인지, 물속에서 비밀리 활동하는 다른 존재인지는 알 수 없다고 해요.

바이칼 호수

물속에서도 공중에서도 자유롭게 이동할 수 있는 비행 물체는 정말 외계인이 사용하는 것일까요?

레이더도 못 잡는 초고속 수중 물체

USO를 목격했다는 이야기는 잠수함이 왕성하게 활약한 제2차 세계 대전 때부터이지만 지금까지도 그 정체를 정확히 밝혀내지는 못했어요. 그러나 USO는 인간의 현재 과학 수준으로는 설명되지 않는 것들이 많아요. 물속에서 초고속으로 항해하는 것, 음파탐지기에 잡히지 않는 것 등이지요. 그 예로 대만 해군 기지 근처에서 USO를 발견한 해군이 헬기와 군함을 동원해서 이 물체를 추적했지만 빠른 속도로 사라졌다고 해요. 게다가 음파탐지기에는 아예 포착되지도 않았지요. 그리고 적군의 잠수함도 아니었다고 해요. 그렇다면 과연 정체가 무엇일까요? UFO 전문가들의 주장대로 바닷속에 외계인 비밀 기지가 있는 걸까요?

쿠르스크 호

쿠르스크 호는 2000년 8월 노르웨이 북쪽 바다에서 원인을 알 수 없는 폭발 사고로 침몰했어요. 그런데 러시아는 쿠르스크 호가 USO에 의한 충돌로 침몰했다고 발표했어요.

27. 우주 비행사가 만난 UFO

외계인의 경고

우주선을 따라 지구에 들어온 UFO

우주 비행사들도 UFO를 목격했다고 하는 경우가 종종 있어요. 1965년 12월 4일, 제미니 7호도 UFO를 목격한 우주선 중 하나예요. 지구로 돌아오기 위해 궤도를 잡던 우주 비행사 프랭크 볼만과 제임스 러벨은 갑자기 나타난 버섯 모양의 UFO 네다섯 대가 제미니 7호 우주선 주위를 맴돌았다고 해요. 뿐만 아니라 제미니 7호가 지구로 낙하하자 UFO들도 쫓아와 지구에 착륙했다고 해요. 이런 광경은 우주선을 관찰하던 시민들도 목격했다고 하는데, 관제소 측에서는 단지 "태양에 의한 착시 현상"일 뿐이라고 해명했어요. 하지만 문제의 비행 물체들이 고도 1.5킬로미터 정도에서 갑자기 방향을 틀어 우주로 날아가 버리자 이를 지켜보던 사람들은 할 말을 잃었답니다.

제미니 7호

초등학생이 가장 궁금해하는 외계인과 UFO 상식 27

우주 비행사들은 특별한 훈련을 받아요

우주 비행사들은 어떤 훈련을 받을까요? 미국은 사람을 달에 보내기 위해 우주 비행사들을 선발하고 무중력 상태인 우주 공간에서 생활하는 법을 여러 가지로 훈련시켜요. 무중력 상태에서 식사하는 법과 비상시 어떻게 행동하는지에 대해 몇 개월에 걸쳐 실시하지요. 게다가 달 표면 산책, 수중 훈련, 체온 유지, 달 착륙 등의 훈련도 거쳐야 하죠. 우주 비행사가 되는 게 결코 쉬운 일은 아닌 것 같아요. 그런 우주 비행사들 중에서는 "UFO나 외계인을 본 적이 있다."고 뒤늦게 증언하는 경우가 많아요. 그런데 특별한 훈련을 받은 우주 비행사들이 과연 UFO와 다른 물체를 구별하지 못할까요?

훈련중인 우주비행사

아폴로 14호 우주 비행사의 증언

 1971년, 아폴로 14호를 타고 우주에 나갔던 NASA 출신 우주인 에드거 미첼 박사는 영국의 한 라디오 방송에서 충격적인 발언을 했어요. 미첼 박사는 "외계인이 지구를 여러 번 방문했고, 생김새는 영화 속 E.T와 크게 다를 것 없다."고 말한 것이에요. 게다가 외계인들의 문명은 지구인의 문명보다 뛰어나며, 60여 년간 미국 정부가 외계인의 존재에 대해 숨기고 있다고 말해 큰 논란이 됐지요. 이에 NASA는 "우리는 UFO를 추적하지 않으며, 외계 생명체에 대해 숨기는 사실이 없다."며 미첼 박사의 말을 강하게 부정했어요. 과연 어느 쪽이 진실을 말하고 있는 걸까요?

에드거 미첼

에드거 미첼은 NASA에서 항공 우주 엔지니어로 일했어요. 그러면서 많은 UFO가 지구를 방문한다는 사실을 알게 되었다고 해요.

28. 우주여행 가상 시나리오
피트와 제로시

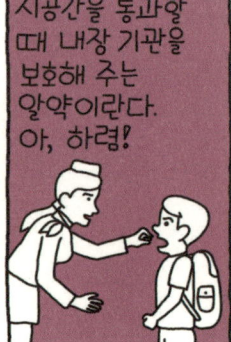

우주여행, 언제 가능해질까요?

지구를 떠나 우주의 다른 행성으로 가는 여행은 과연 가능할까요? 비록 위성이기는 하지만 달까지 가는 우주여행의 꿈은 이미 이루어졌어요. 그리고 현재의 과학 기술로도 다른 행성에 가는 것이 불가능하지는 않아요. 마음만 먹으면 갈 수는 있어요. 하지만 문제는 목적지까지 가는 데 걸리는 시간이 얼마나 되느냐예요. 석유와 같은 화학연료를 쓰는 로켓으로 달까지는 약 3일, 태양까지는 4개월, 화성까지는 6개월 정도가 걸리거든요. 이 정도까지는 식량과 식수 공급에 문제가 없어요. 하지만 이보다 더 먼 명왕성을 가려면 25년이나 걸려요. 따라서 25년 분의 식량을 가지고 가려면 매우 큰 우주선이 필요한데, 그런 우주선을 발사할 로켓을 현재 지구에서는 만들 수가 없지요. 그러므로 인간이 태양계 밖의 더 먼 행성을 간다는 것은 더더욱 쉬운 일은 아니겠죠? 이렇게 생각해 보면, 가까운 미래에는 우주여행을 가기는 어려울 듯해요.

초등학생이 가장 궁금해하는 외계인과 UFO 상식 28

태양계 밖에 '제2의 지구'가 있을까?

2007년, 유럽남부천문대(ESO)는 지구와 비슷한 행성을 발견했다고 발표했어요. 이 행성은 지구보다 5배 정도 크고, 천칭자리에 있는 흐릿한 적색왜성인 '글리제(Gliese)581'의 주위를 돌고 있지요. 이 행성은 표면이 온통 바위나 바다로 덮여 있을 것으로 추정되고, 평균 기온은 0~40도 정도가 되며, 액체 상태

글리제581

의 물도 존재할 것으로 관측됐지요. 많은 과학자들은 이 행성에 생명체가 존재할 가능성이 높다고 예상하지만, 이 행성으로 사람이 가거나 무인 우주선을 발사하는 일은 현재 기술로는 불가능하답니다.

외계 생명체를 찾는 무인 잠수정 뎁스 엑스

미국의 나사는 깊은 바닷속을 탐험하는 무인 잠수정을 우주 탐사에 투입할 계획으로 프로젝트를 추진하고 있어요. 목성의 위성인 '유로파'로 탐사를 보내기 위해 개발된 세계 최초의 완전 인공지능 무인 잠수정 '뎁스 엑스(Depth X)'가 그 주인공

이에요. 유로파는 표면 온도가 영하 160도로 표면이 온통 얼음으로 뒤덮여 있지만, "7킬로미터 두께의 얼음 층을 뚫고 들어가면 지구의 바닷물보다 많은 양의 물이 있을 것"으로 천문학자들은 예상하고 있어요. 뎁스 엑스는 그 안에서 생명체를 찾는 중대한 임무를 맡고 있어요. 만약 뎁스 엑스가 유로파에서 생명체를 찾는다면, 과연 그 생명체는 어떤 모습일까요?

뎁스엑스

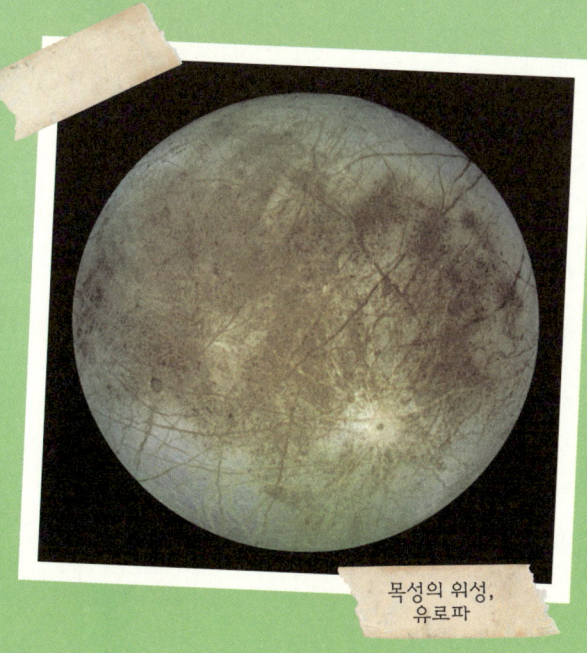

목성의 위성, 유로파

29. 피트와 제로시의 교신 가상 시나리오

피트, 응답하라, 오버!

글리제908에서 보낸 여름 방학은 정말 대단했어. 지금도 생생하게 기억나.

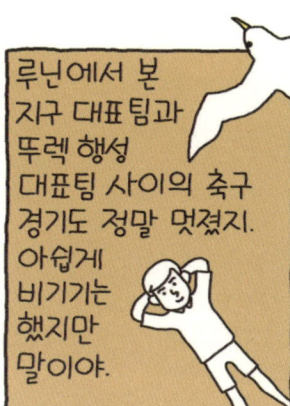
루닌에서 본 지구 대표팀과 뚜렉 행성 대표팀 사이의 축구 경기도 정말 멋졌지. 아쉽게 비기기는 했지만 말이야.

후후, 제로시가 그렇게 광적인 축구팬일지는 정말 몰랐어. 아, 제로시! 너는 지금 무엇을 하고 있니?

집으로 돌아온 뒤 왠지 모든 게 시시해졌어. 지구에서의 생활은 너무 따분하게 느껴져.

우주 공간을 저렇게 뛰어넘어 제로시를 만나러 갔으면 좋겠어. 아! 보고 싶다, 제로시.

피트, 저녁 먹어라!

알았어요, 엄마. 금방 갈게요.

얘! 식사하다 말고 뭐 하는 거니? 얘가 우주여행을 다녀온 뒤부터 정신이 다 나갔어.

죄송해요, 엄마. 그런데 저… 입맛이 너무 없어서….

쟤가 거기서 무슨 일이 있었나?

우주언어학이 뭐예요?

'우주언어학'이란 말은 1952년, 영국의 생리학자이며 런던대학교 생물학 교수였던 랜슬롯 호그벤이 강연 중에 처음 쓴 말이에요. 여기서 말하는 우주 언어란 어디에서나 쓰일 수 있는 수학의 기본 개념을 부호로 표시한 거예요. 호그벤의 주장대로 과학자들은 이러한 수학적 기호가 우주 언어에 어울린다고 생각하고 있어요. 이미 오래 전에 독일의 수학자 가우스는 시베리아 땅에 거대한 기하학 도형을 그려 화성인에게 메시지를 보내자는 의견을 낸 적이 있지요. 과연 이들의 생각대로 수학의 기본 이론은 전 우주를 통틀어 서로 소통하는 언어가 될 수 있을까요? 외계인들의 메시지로 짐작되는 크롭 서클 역시 수학적 기호라는 게 많은 사람들의 생각이기도 한 것을 보면, 이 같은 생각이 어쩌면 맞을지도 몰라요.

크롭 서클

초등학생이 가장 궁금해하는 외계인과 UFO 상식 29

외계 생명체와 교신하는 영화, 〈콘택트〉

1997년, 미국의 영화감독 로버트 저메키스가 만든 〈콘택트〉는 미국의 천문학자 칼 세이건의 소설 《콘택트》를 바탕으로 만든 영화예요. 사막의 관측소에서 우주에서 오는 신호를 수신하는 천체물리학자가 어느 날 직녀성에서 오는 미스터리한 메시지를 받게 되고, 그 메시지를 해독하며 끊임없이 우주의 지적 생명체와 교신을 시도하는 영화죠. 이 영화에서 한 인물이 말한 대사는 우주의 생명체에 대해 다시 한 번 생각해 보게 해요. 영화 속 인물은 "아마 우주에 우리(인간)뿐이라면 엄청난 공간 낭비겠지요."라고 했지요. 그 말처럼 광활한 우주 어딘가에 우리 같은 지적 생명체가 존재하지는 않을까요?

영화 〈콘택트〉의 포스터

외계인에게 납치당한 보이저 2호?

2010년 5월, 독일의 일간지 〈빌드〉는 나사의 무인 우주 탐사선 '보이저 2호'가 외계인에게 납치된 것 같다고 보도했어요. 보이저 2호가 지난 4월 갑자기 이상한 포맷으로 이루어진 자료를 지구로 보냈기 때문에 이 같은 추측이 나온 것이지요. 과학자들은 보이저 2호가 보낸 자료를 해독하려 했지만, 결국 실패했어요. 탐사선이 보낸 이상한 신호는 지금도 계속 지구로 전송되고 있어요. 과학자들은 이 현상을 두고 엇갈린 의견을 내놓고 있어요. 몇몇 과학자들은 보이저 2호가 고장이 난 것으로 생각하고 있어요. 그런가 하면 외계인 전문가인 하트위그 하우스도프는 "외계인들이 탐사선을 차지한 뒤 지구인에게 메시지를 보내는 것"이라고 말했어요. 만약 그렇다면 외계인은 우리에게 어떤 메시지를 보내고 있는 걸까요?

보이저 2호

> 30. 지구 학생이 외계로 전학 가는 가상 시나리오

우주 학교 3학년 지구 반 피가로

외계인 존재확률을 구하는 드레이크 방정식

1961년, 미국의 그린뱅크에서 열린 회의에서 미국의 천문학자이자 코넬 대학의 교수였던 드레이크 박사는 외계 지적 생명체가 존재할 확률을 방정식으로 설명했어요. 이를 그의 이름을 따서 '드레이크 방정식'이라고 불러요. 이 이론에 따라 몇몇 사람들은 우리 은하 안에 존재할 것으로 생각되는 지적 생명체의 수가 당시 10개 이상이라고 주장했고, 반대로 일부 다른 사람들은 1개라고 주장했대요. 하지만 최근에 허블망원경으로 관측한 결과, 우리 은하 안에 지구와 같은 조건을 가진 별이 4천 개~2억 개 이상 된다는 게 밝혀졌지요. 그러면 더 많은 지적 생명체를 찾을 수도 있지 않을까요?

 드레이크 방정식

$N = R^x \times f_p \times N_e \times F_i \times F_i \times F_c \times L$

R은 매년 생성되는 별의 수
f_p는 별들이 행성을 갖고 있을 확률
N_e는 생명체에 적합한 환경을 갖춘 행성의 수
F_i은 조건을 갖춘 행성에서 생명체가 탄생할 확률
F_i는 탄생한 생명체가 지적 문명으로 진화할 확률
F_c는 자신들의 존재를 알릴 기술과 의지를 가지고 있을 확률
L은 우주로 신호를 전송할 수 있는 존속 기간

우리 은하에만 지구 같은 행성이 4천~2억 개이면 분명 외계 생명체는 있지 않을까요?

초등학생이 가장 궁금해하는 외계인과 UFO 상식 30

우주 개발은 어떻게 진행됐을까?

지구를 벗어나 우주로 나아가 보고 싶은 인간들의 바람은 아주 오래전부터 시작되었어요. 하지만 직접 우주로 나가 보는 우주 개발에 대한 역사는 그리 길지 않아요. 20세기 중반에 인공위성을 쏘아 올리면서 시작된 우주 개발의 역사는 지금까지 여러 단계를 거쳐 왔지요. 그럼 어떤 단계를 거쳐 왔는지 한번 살펴보아요.

1단계

미국과 구 소련이 치열한 우주 개발 경쟁을 시작했어요.
* 1957년 10월 4일, 구 소련은 스푸트니크 1호를 세계 최초의 인공위성으로 발사했어요.
* 1958년 1월 31일, 미국은 익스플로러 1호를 발사했어요.
* 1958년 10월, 미국은 항공우주국(NASA)을 설립했어요.

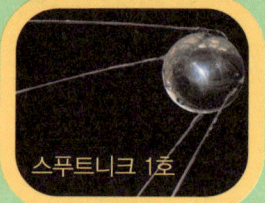
스푸트니크 1호

익스플로러 1호

2단계

유럽과 아시아 국가들도 우주 개발 경쟁을 시작했어요.
* 1969년, 미국의 아폴로 11호가 인류 최초로 달에 착륙했어요.

아폴로11호의 달탐사

3단계

우리 은하 안의 여러 행성에 대한 조사를 시작했어요.
* 1976년, 미국의 바이킹 1, 2호가 화성에 착륙했어요.
* 1982년, 구 소련의 비너스 3호가 금성의 첫 컬러 사진을 보냈어요.
* 2004년, 유럽의 마스 익스프레스 호는 화성에 있는 얼음을 촬영해 보냈어요.

바이킹 1호

화성에 있는 얼음

비너스가 보낸 금성 사진

우리나라 최초의 우주인, 이소연

우리나라 역사상 최초로 우주에 다녀온 사람이 있어요. 2008년 4월, 한국 과학기술원 대학원 바이오시스템학 박사학위를 딴 이소연은 대한민국 최초로 우주 비행에 참가했어요. 이소연은 국제 우주 정거장에서 11일간 머물렀지요. 세계에서는 475번째, 여성으로서는 49번째, 우리나라에서는 최초의 우주인이지요. 당시 우리 나이로 31세로, 세계에서 3번째로 나이가 어린 여성 우주인으로 기록됐어요. 그로 인해 우리나라는 세계 35번째 우주인 보유국이 되면서 우주 개발에 한 발 더 박차를 가하게 되었어요.

이소연

※이 책에 쓰인 사진의 저작권을 표시합니다. 각각 표시 중 ⓘ는 저작자 표시, ⊜은 변경 금지, ⓒ는 동일조건 변경허락 등을 의미합니다.

18p 케네스 아놀드 arcticcompass.blogspot.com ⓒ ⊜

19p 시가형 lightsinthetexassky.blogspot.com ⓒ
　　 삼각형 latest-ufo-sightings.net ⓒ ⊜

23p 달 themudflats.net ⓒ ⊜

25p 케네디우주센터
　　 spaceraceleadership.wordpress.com ⓒ ⊜

31p 수태고지 spartacusartgallery.com ⓒ ⊜

35p 뮤폰 mufon.com ⓒ ⊜

53p 가평 UFO 사진 latest-ufo-sightings.net ⓒ ⊜

54~55p 광화문 UFO 사진 photo by UFO헌터 허준 ⓘ

65p 로스웰 데일리 레코드 지
　　 photo by NomadicEntrepreneur ⓘ

72p 켁스버그 비행물체, 추락사건
　　 관련사진 naturalplane.blogspot.com ⓒ ⊜

84p 51구역 eon8.com ⓒ ⊜

85p 51구역 경고판 panoramio.com ⓒ ⊜
　　 호주 파인갭 aussiex.org ⓒ ⊜

90p 영국정부 x파일 공개 기사
　　 The National Archives-
　　 영국 국립문서보존소 자료 ⓒ ⊜

102p 지구 staurvik.net ⓒ ⊜

107p 새벽 금성 eso.org ⓒ ⊜

108p 아테네 번개 photo by erissiva ⓘ

109p 거짓 UFO deadfi.blogspot.com ⓒ ⊜

126p 비행물체 seligpolyscope.com ⓒ ⊜

133p 미스터리서클 allieallbright.wordpress.com ⓒ ⊜
　　　 미스터리서클 photo by douglr88 ⓘ

162p 바이칼 호수 beinformedjournal.org ⓒ ⊜

167p 제미니 7호 grin.hq.nasa.gov ⓒ ⊜

169p 에드거 미첼 en.wikipedia.org ⓒ ⊜

174p 글리제581 hazimiai.wordpress.com ⓒ ⊜

175p 뎁스 엑스 frc.ri.cmu.edu ⓒ ⊜
　　　 유로파 photo by Cornell SPIF ⓘ

179p 크롭서클 kabarjenius.wordpress.com ⓒ ⊜

180p 콘택트 포스터 eatbrie.com ⓒ ⊜